プーチンの復讐と第三次世界大戦序曲

舛添要一
Masuzoe Yoichi

インターナショナル新書 126

まえがき

私は、若い頃、ヨーロッパ諸国で研究生活を送った。もう半世紀前のことである。フランス、ドイツ、スイス、イタリア、イギリスなどで、日本では書物でしか知らなかったことを体験する機会に恵まれた。パリ大学をはじめとする研究機関で専攻したのは、第一次世界大戦から第二次世界大戦までの時期（戦間期）の国際関係史であった。

研究者としての私の問題意識は、第一次世界大戦という悲惨な経験をした人類が、わずか20年後にまた世界大戦を始めたのはなぜかということであった。とりわけ、ヒトラーのような怪物が登場し、それをドイツ国民が圧倒的に支持し、選挙という民主的手段で政権の座につけた理由を探ろうとしたのである。

私がヨーロッパで勉強していた1970年代には、戦間期に国の舵取りを行った政治家がフランスやドイツではまだ存命だったので、貴重な話を聞く機会にも恵まれた。欧州諸国の外交文書を閲覧するなどの研究を積み重ね、ナチスの侵略を止めることができなかったフランス外交の「失敗」について助教授就職論文を書き上げたのである。

政治学と歴史学という学問領域を中心に、その後も当初の問題意識を持ち続けたが、人生の半ばで政治の世界に足を踏み入れた。国会議員、そして大臣など行政のトップを歴任する過程で、政治家として学者とは全く異なる実体験をし、政治学の理論と実践の両方に精通する機会を得たのである。

公職を退いてからは、また若い頃の問題意識に立ち返り、政治家としての経験も加味した上で、一般の読者向けに『ヒトラーの正体』（２０１９年８月）、『ムッソリーニの正体』（２０２１年８月）を書いた。独裁者を通じて、戦間期という時代の雰囲気を伝えたかったからである。

次のテーマがスターリンとなるのは当然であるが、私が若い頃の日本の論壇はスターリンを崇《あが》める左翼知識人に支配されており、スターリンをヒトラーやムッソリーニと同列に扱うのはタブーだった。１９５６年にフルシチョフがスターリン批判を行った後でも、その風潮は続いた。私は、ブレジネフ時代（１９６０~70年代）にロシア人の先生にロシア語を教わったが、ソ連共産党員であるその先生ですらスターリンの個人崇拝を弾劾していた。

さすがにベルリンの壁が崩壊し、ソ連邦が解体した後には、共産主義体制の負の遺産を正視できるようになったが、日本の知識人の知的怠惰は続いた。それに一矢報いたいという思いもあって『スターリンの正体』を書き始めたのである。

ところが、執筆中の２０２２年２月24日にロシア軍がウクライナに侵攻した。そのため、ウクライナ情勢についての論文を週に1〜2本は書かねばならない羽目になってしまい、スターリン論の執筆が遅れたが、2022年11月には公刊することができた。

その過程で、スターリンとプーチンを比較考察したり、ロシア史のなかに今回のウクライナ侵攻を位置づけたりする作業を繰り返し行ったのである。そこで、プーチンという政治家、そしてウクライナ戦争について、私なりの分析手法で一書にまとめることにした。

国際法違反のロシアによるウクライナ侵略は声を大にして批判せねばならないが、戦争に至る経緯についても検証する必要がある。正義論を振りかざすだけではその目的は達せられないからである。


20年以上も政権の座にあるプーチンについては、既に夥しい数の研究書が発行されており、またウクライナ戦争についてもルポルタージュや解説本が毎日のように出版されている。しかし、研究者や評論家の関心は様々であり、特定の分野に焦点を当てたものもある。そのため、一般の読者にとっては、ロシアや東欧諸国の歴史、安全保障の理論などについての本を別途繙《ひもと》かねば、理解が不十分になってしまう。

その手間をかけずに、一冊でプーチンの思想と行動、ロシア史やロシア文明、ウクライナの国内問題、国際社会の対立図式、世界の軍事力、資源エネルギー問題などが簡単に把握できる本があればと考えたのである。しかし、新書版でそれだけの内容を盛り込むとなると至難の業であり、どうしても広く、浅くならざるをえない。

あるテーマに絞り込んだ専門書にはそれだけの価値があり、著者の努力も並大抵なものではない。しかし、同時に、いろいろな観点からウクライナ戦争を分析することもまた意義のあることである。しかし、ヒトラー、ムッソリーニ、スターリンについての拙著は、私の政治経験も踏まえて書いてある。たとえば、権力闘争など、その凄まじさは実際に政治の場で経験してみないとよく分からない。

政治家として訪れたロシアでも、プーチンの側近との親しい付き合いなどで、プーチン統治の手法などを体験することができた。

その手法は、KGB（ソ連邦閣僚会議付属国家保安委員会）の手法であり、それはプーチンがKGBのメンバーとして職業キャリアを開始したことに原点がある。類い稀な情報収集能力と、情報操作能力を基盤とし、スターリン並みの秘密警察を駆使した恐怖の政治である。

私は、ヨーロッパで仕事をしていたとき、海外の情報機関でソ連の動きについて分析する役割を担ったことがある。もちろん国際政治学者としてであるが、その機関で情報・諜報に携わる者として基本的な訓練を受けた。その訓練こそ、プーチンの行動を解き明かす上で極めて有効であることを、ウクライナ戦争が始まった今、再認識させられている。

そこで、本書ではソ連・ロシアの秘密警察について多くのページを割きたい。最近は、KGBという視点からのプーチン論が海外で増えているが、それは、この視点がプーチンを理解する上で不可欠だからである。


次に、プーチンが突然変異のごとくロシアに生まれたのではなく、ロシア史上に輝くイヴァン雷帝、ピョートル大帝というツァーリ（皇帝）、ソ連のレーニンやスターリンという独裁者の系譜の延長線上にあるということを強調したい。プーチンは、2000万人にも及ぶ人々を虐殺したスターリンを尊敬している。戦争における兵士に対する命令も、プーチンはスターリンの方式を真似ている。

なぜ、このようなおぞましい独裁が生まれるのか、そしてその独裁の特色はどこにあるのか。ロシアがモンゴルに支配された「タタールの軛《くびき》」（1240～1480年）にまで遡って検証する。KGBによる支配の源流は、このモンゴル支配に見出すことができる。

プーチンは歴史を振り返るのが好きである。そして、歴史上の偉人と自分とを二重写しにする。ロシアの領土を拡張し、ロシアを強国にした指導者を尊敬し、彼らの言動を自分の演説でもよく引用する。

たとえばピョートル大帝である。ウクライナ侵攻も、そのピョートル大帝と同じことを実行しているにすぎないと正当化する。ゼレンスキー政権をファシストと批判し、その悪魔に弾圧されている同胞のロシア人を救うために、ウクライナへの「特別軍事作戦」を開始したと言う。プーチンは、ヒトラーと戦ってナチスドイツを粉砕し、第二次世界大戦を勝利に導いたスターリンを讃え、自分も同じような歴史的偉業を達成しようとしていると豪語するのである。

このプーチンの歴史解釈を理解するためには、ロシア史の知識が必要であり、最低限必要な歴史叙述を行うことにする。


2000年3月に、プーチンは政権の座に就いた。すでに20年以上にわたってロシアを統治してきたが、その歩みについても、やはり基本的な事柄はおさえておく必要がある。2014年のクリミア併合まで、その軍事・外交、そして経済も成功裏に進んできた。その成功体験が、2022年のウクライナ侵攻に繋がったのである。

そして、その成功を可能にしたのはアメリカが主導する西側諸国であった。東西冷戦に勝ったことから生まれた傲慢さが、旧ソ連圏に対する軽蔑と裏切りという形に帰結してしまった。NATO（北大西洋条約機構）の東方拡大がその典型であり、クリミア併合に際しても、西側の不作為と無関心がプーチンの暴走を可能にしたのである。

プーチンの成功体験と、アメリカ外交の失敗についても検証してみたい。そのことが、今日のウクライナ戦争の背景の一つだからである。

情報操作という問題も重要である。今日の戦争は「ハイブリッド戦争」と呼ばれるように、兵器のみではなく、サイバーテロも含め、交戦国の両陣営で情報操作が盛んに行われている。一方の陣営からの情報が100%正しく、他方の陣営の情報が100%間違っているということはまずない。ところが日本では、ロシアによる侵略に悲憤慷慨《ひふんこうがい》するあまり、ロシアが発信する情報は100%嘘で、ウクライナ発の情報が100%正確だと信じている人が圧倒的多数である。それは、ロシアの嘘のつき方があまりにも稚拙であることにもよっているが、日本人のナイーブさは度を越している。そのことについても言及したいと思う。

本書の構成であるが、第1章はプーチンの簡単な伝記である。プーチンが生まれてからロシアの最高権力者になるまでを簡単に振り返る。

第2章では、ロシア史を振り返り、とくに「タタールの軛」の影響を検証する。第3章では、ロシア革命からソ連邦の解体までの歴史を概観する。

第4章・第5章では、東西冷戦終焉後のロシアを巡る国際環境とロシアの対応、そしてプーチンの成功体験、文明の衝突などについて詳しく解説する。

最後に、第6章・第7章で、勃発以来のウクライナ戦争の経緯を概観する。

まずウクライナ戦争の流れを振り返りたい読者は第6章・第7章から読み始めてもよいし、プーチンという人物に興味がある読者は第1章を、ロシア史に関心がある方は第2章・第3章を、アメリカなど西側諸国の問題点を把握したい読者は第4章・第5章・第6章を読めば、容易に全体像を摑むことができる。

本書がプーチンという政治家、そしてウクライナで起こっていることの理解に役立つと幸いである。

目次

※本書に掲載した情報は、2023年4月24日時点のものです。また、日本政府は2022年3月に、ウクライナの首都「キエフ」の表記を「キーウ」に変更しましたが、本書では歴史的な背景を考え、2022年2月よりも前の情報は「キエフ」、それ以降に関しては「キーウ」を使用しました（参考文献の引用は原典通りに記載）。

第1章　スパイに憧れた少年が大統領に

プーチンとはどのような人物なのか。生まれ育った時代、そして家庭の環境はどうだったのか。大学でどういう教育を受けて、社会人になったのか。就職先での勤務ぶりはどうだったのか。そして、なぜ政治の世界に飛び込んだのか。

最初に、今日に至るまでのプーチンの簡単な伝記を書いておく。

貧しい出自

ウラジーミル・ウラジーミロヴィチ・プーチンは、1952年10月7日、ソ連邦のレニングラード（現・サンクトペテルブルク）で生まれた。

プーチンが誕生したのは、約30年にわたってソ連邦を支配してきた独裁者、スターリンの治世の末期である。スターリンは、プーチンが生まれた5カ月後の1953年3月5日に死去している。その半世紀後に、この男がスターリンの後継者たるべくロシアの最高権力の座に昇りつめるとは、誰も予想できなかったであろう。

プーチンの父方の祖父、スピリドン・イワノヴィチ・プーチン（1879年12月～1965年3月）はプロの料理人で、ペトログラード（現・サンクトペテルブルク）の高級ホテル「アストリア」の料理長を務めた。帝政ロシアで、怪僧ラスプーチンにも料理を出していたという。そして、革命後には、レーニンやスターリンのためにも料理を作っていたそうである。

父親はウラジーミル・スピリドノヴィチ・プーチン（1911年2月〜99年8月）で、無神論者の共産党員であった。彼は第二次世界大戦中に戦闘で傷痍軍人となり、戦後は機械技師としてレニングラードの鉄道車両工場に勤務した。

母親はマリア・イワーノヴナ・シェロモーワ（1911年10月〜98年7月）でロシア正教を深く信仰していた。雑役婦として仕事に励み、貧しい家計を助けた。

プーチンは両親の第三子として生まれたが、兄2人は幼くして死亡している。長男オレグは生まれてすぐ死んだし、次男のビクトルはナチスに封鎖されたレニングラードから疎開した先でジフテリアにかかり5歳で亡くなっている。この2人の兄が死んだ後、戦後になって、マリアは41歳の高齢でプーチンを産む。それだけに、母マリアはこの息子を溺愛するのである。

貧しい家庭で育ったことは、プーチンに上昇志向、権力志向を与える要因となったと考えられる。レニングラードの住居は共同住宅で、20平方メートルの広さしかなく、台所もトイレも共用で、浴室はなく銭湯通いだった。

子ども時代のプーチンは壁の穴に棲むネズミをいじめて遊んだが、追い詰められたネズミが最後に「自分に向かってきた。私は驚き、怖かった。ネズミは私を追いかけた」と、自伝（邦訳版〈『プーチン、自らを語る』扶桑社、2000年〉は品切れなので、入手が容易な英語版から引用する。翻訳は筆者による）で述懐している（参考文献①、10p）。木村汎《ひろし》は、このときの経験が、後に権力の座に就いたプーチンの人事政策に活かされているという。「窮鼠猫を噛む」の教訓である。

気に入らない部下を排除するときにも、かれらを直ちに罷免しようとしない。まず、かれらの馘を斬るチャンスの到来を辛抱強く待つ。しかも、ポジションを完全には剝奪しない。むしろ、かれらの地位を徐々に降格させてゆく。その間に代替ポストすら用意してやる。こういう慎重かつ複雑な手続きや方法を講ずることによって、降格された者がプーチンに恨みをいだくあまりに、反旗をひるがえす気持ちにならないように細心の注意をはらう。

（参考文献②、97p）

不良少年が名門大学へ、そしてKGBに就職

プーチンは小学校に入っても、成績は悪く、不良少年であった。通りでよく喧嘩をしていたが、身体が小さいので、いじめられることが多かった。そのときの教訓は「強い者が勝つ」、そして「最後まで戦うべきだ」ということであった。

プーチン少年は、小柄な身体の自分の弱さを克服しようとして、初めはサンボ、その後は柔道を習ったのである。それは、13歳の頃（1965年）であるが、その頃には学校の成績も上がりはじめた。

将来の職業については、プーチン少年は戦前の日本で活躍したソ連のスパイ、リヒャルト・ゾルゲを題材にした映画などを見て、スパイに憧れ、KGBに就職しようと思った。

後述するが、プーチンの父親は独ソ戦のときに、秘密警察の一員として戦場で活躍している。そのことも、KGBに対して親近感を持たせたのであろうが、ソ連邦で絶大な権力を誇るこの組織のメンバーとなることで、自分も強力な支えを得ることができると考えたようである。

そこで、中学校の最終学年（9年生）、16歳のとき（1968年）に直接、KGBのレニングラード支部に行き、就職の相談をする。相手をしてくれた係官は、ここに就職相談に来たことは他言しないことを約束させ、まずは大学に入って、法律や外国語の勉強をするように勧めたのである。

プーチンは猛勉強して、1970年に、難関のレニングラード国立大学法学部に合格する。法学部では国際法を専攻し、1975年に卒業し、念願のKGBに就職している。そのときに、就職の条件となっていたソ連共産党への入党も果たしている。

1984年秋には、レニングラードからモスクワに移り、KGB赤旗大学で1年間の研鑽を積む。その後、対外課報部に配属され、1985年8月に東ドイツのドレスデンにあるソ連領事館にKGB中佐として派遣された。この地で1990年1月までの4年半を過ごす。資本主義国ではなく、衛星国の東ドイツ、しかも首都東ベルリンではなく、ドレスデンというのは、エリートKGB職員の行く先ではなかった。

東ドイツで4年半も勤務しただけに、プーチンはドイツ語が堪能になった。ベルリンの壁崩壊時にドレスデンの国家保安省（シュタージ）の前で大衆暴動が起こったとき、身の危険を感じたプーチンは、「自分は通訳だ」と嘘を言って難を逃れたくらいに流暢なドイツ語を話せたのである（参考文献①、79p）。

1980年代後半のソ連は断末魔の苦しみの中にあり、ソ連の舵取りを託されたミハイル・ゴルバチョフが大改革に乗り出していた。外交では、アメリカのドナルド・レーガン大統領と対話し、核軍縮を進め、冷戦を終結させる努力を行った。内政では、体制の効率化を促進するペレストロイカ（再革命、再構築）、言論の自由を認めるグラスノスチ（情報公開、開放）を掲げ、国民の直接選挙で選ばれる人民代議員大会を創設するなど民主化を促進した。

その結果、民主化を求める東欧諸国はマルクス・レーニン主義を捨てはじめ、それは1989年11月のベルリンの壁崩壊につながった。私は、当時は西ベルリン側にいてドイツ人とともにハンマーで壁を壊したが、プーチンは東ドイツ側からその光景を苦々しい思いで見つめていたのである。

東欧諸国が総崩れになっていく事態に直面して、共産主義に固執するソ連の保守強硬派は反発し、1991年8月19日にクーデターまで起こした。これは失敗したものの、ゴルバチョフの権威は失墜し、この危機を救ったボリス・エリツィンに権力は移行していく。そして、その年の12月、遂にソ連邦が解体するのである。

　プーチンは、ドイツの地で勤務していたため、ゴルバチョフ改革で大混乱となった祖国の状況を直接には体験していない。しかし、ソ連の支配下にあった東欧諸国、とりわけ「社会主義の優等生国」と言われた東ドイツでエーリッヒ・ホーネッカー体制が瓦解し、それをモスクワが止められなかったことは、プーチンに大きな衝撃を与えたのである。

　ゴルバチョフが行ったような性急な改革は大きな禍根を残すというのが、プーチンの下した結論であり、過激な「革命」を忌避するようになる。2000年のセルビアのブルドーザー革命、2003年のグルジア（現・ジョージア）のバラ革命、2004年のウクライナのオレンジ革命、2005年のキルギスのチューリップ革命など、2000年頃から東欧や旧ソ連圏で起こった「カラー革命」に対して、プーチンが否定的な評価を下すのは、ソ連邦崩壊の悲惨さを体験したからである。

「強い帝国ロシア」の再生を実現すべきだという信念を確たるものにしたことは疑いえない。そしてプーチンは、レーニンやスターリンとは違って、マルクス主義のような特定のイデオロギーに固執することはなく、大国ロシアの再興のためには様々な考え方を柔軟に取り入れていくのである。

1990年1月に帰国したプーチンは、1991年8月20日、つまり先のクーデター未遂事件の翌日に、KGBに辞表を提出したと自伝にある（参考文献①、93p）。しかし、いったんチェーカー（秘密警察）に入った者（チェキスト）は辞めることはできないはずであり、「休眠中のチェキスト」になっただけで、この辞表提出も本当だったかどうかは疑問である。

プーチンの戦略思考はKGBによって育まれた。情報機関、諜報機関に勤務すると、世の中に生起する事象を解釈、解説する際に、独特の分析法を身につけさせられる。私は、国際政治学者として、若い頃、海外の情報機関でソ連の分析に携わったことがあるが、大学での研究方法とは全く異なる訓練を受けたものである。プーチンがレニングラードでKGB職員として仕事をしていた頃である。

私の勤務先は、「反ソ連機関」としてKGBによる破壊工作の対象となり、爆破事件で東欧出身の同僚を亡くすという悲しい事件もあった。ソ連邦崩壊までは、私はこの海外情報機関における「研究・訓練」について、自分の身の安全のために、履歴書に記すことはなかったし、ソ連・東欧圏に足を踏み入れることも敢えて避けたものである。

政界に進出

プーチンは、帰国後、レニングラード国立大学学長補佐官のポストに就く。このポストには

KGB関係者が就く慣わしであった。

そして、レニングラード国立大学の教授であったアナトリー・サプチャークがレニングラード市ソビエト議長になると、プーチンは彼の国際関係顧問となる。これが、プーチンの政界進出のきっかけとなるのであるが、実はエリツィン後の大統領有力候補であるサプチャークを監視するためにKGBがプーチンを送り込んだという観測もある。

レニングラード国立大学法学部教授だったサプチャークは、プーチンや後に大統領になるドミトリー・メドヴェージェフの大学時代の恩師である。それだけに、KGBにとっては、「教え子」だからという弁明も効く。

ゴルバチョフの改革が失敗し、ソ連邦が解体に向かい混乱が増す中で、プーチンは補佐役として業績を積み上げていく。1991年6月にサプチャークがレニングラード市長になると、プーチンも対外関係委員会議長のポストに就く。

1991年9月にレニングラードはサンクトペテルブルクに改名するが、12月にはソ連邦が解体する。92年5月に、プーチンはサンクトペテルブルク副市長に、94年3月には第一副市長に任命される。職務としては、民営化の促進、外国企業誘致などに奔走したのである。

エリツィン政権下、1991年11月に副首相に就任したエゴール・ガイダルが断行した市場化推進の経済改革（「ショック療法」）は、ハイパーインフレをもたらし、国民生活を大混乱に陥れた。この危機に際して、連邦政府は地方政府に天然資源を海外に売却するなどの自由裁量権を与えた。これを活用して、サンクトペテルブルク市は外貨を稼ぐが、その金額に見合うだけの食料が海外から届かなかった。責任者のプーチンが不正を働いたと批判されたが、真相が不明なまま、この件は闇に葬られた。

プーチンは、この苦い経験から、ビジネスマンを安易に信じてはならないこと、ロシアの天然資源、とりわけエネルギー資源を国家管理することの必要性を痛感したのである。

異例の短期間での出世

1996年8月、サプチャークは市長選挙で、第一副市長のウラジーミル・ヤコブレフに敗れて退陣するが、プーチンも第一副市長を辞した。

その後の職探しで、同じく第一副市長であったアレクセイ・クドリンやサンクトペテルブルク時代の先輩で、大統領府長官のアナトリー・チュバイスらの尽力もあって、ロシア大統領府総務局長のパーヴェル・ボロジンがプーチンを抜擢し、自分の下で次長を務めさせることにしたのである。こうして、プーチンはサンクトペテルブルクからモスクワに移動する。

1996年8月にモスクワへ移動してから、わずか3年半後の2000年3月には、プーチンは大統領にまで昇りつめた。異例の短期間での出世である。

私は、2001年夏に参議院議員選挙に初当選し、6年後に再選された直後に安倍晋三首相（当時）によって厚生労働大臣に任命された。同期の議員では最初の閣僚就任で、異例のスピード出世だと言われた。日本とロシアでは政治状況も違うので単純には比較できないが、プーチンの場合は、私の半分の期間で大統領にまでなったのだから、異例中の異例である。

1996年の大統領選挙でエリツィンは何とか再選を果たすが、健康状態は悪化し、執務すら十分に行えない状況にあった。後継者選びが水面下で始まった。エリツィンの取り巻き連中やKGB関係者などは、「操り人形」としてはプーチンが最適だと判断したようである。

プーチンは、1997年3月には大統領府副長官兼大統領監督総局局長に昇進する。翌年5月には大統領府第一副長官に、7月にはKGBの後継機関であるFSB（ロシア連邦保安庁）長官に就任する。

その当時、大統領の座を狙うエフゲニー・プリマコフ首相は、エリツィン大統領やその側近たちの汚職を追及して攻勢を強め、国民の人気を博していた。プリマコフはモスクワ市長のユーリ・ルシコフや検察総長のユーリ・スクラートフと連携して、大統領の座を狙ったのである。プーチンは、彼らに対抗してエリツィンに恩を売ることに決め、検察総長のスキャンダルを暴露して辞職させ、エリツィンへの追及を諦めさせたのである。

フィオナ・ヒルとクリフォード・G・ガディによると、プーチンは「自分自身の野望を胸に秘めていた」として、「多くの野心家の例に違わず、彼も目の前に現れたチャンスを存分に利用した。プーチンは自分のキャリアを前進させてくれそうな人間に狙いを定め、じっくりと研究し、個人的かつ仕事上の絆を強め、相手の望みを聞き入れ、心を操った。彼はあえて相手に自分を見くびらせ、その隙に影響力のある地位を手に入れつつ、秘かに絶大な権力を蓄えていった」のである（参考文献③、28ｐ）。

１９９９年5月12日、エリツィンはプリマコフを首相の座から放逐した。ＦＳＢ長官のプーチンが、エリツィンを救ったのである。エリツィンは、この件でプーチンを高く評価し、恩を感じるようになる。

後任には、セルゲイ・ステパーシン内相が任命されたが、エリツィンや取り巻きの政商（オリガルヒ、新興財閥）らから成るセミヤー（エリツィン・ファミリー）の利権を守るのに無能であったために、すぐに解任されることになる。8月9日、エリツィンはプーチンを第一副首相に任命するが、その日にステパーシンが首相を解任されたために、プーチンはそのまま首相代行となったのである。このときにエリツィンは、プーチンを自分の後継者とすることを表明した。

プーチンって誰？

橋本龍太郎元首相は、１９９７年11月にクラスノヤルスク、翌年4月には川奈でエリツィンと首脳会談を行い、平和条約締結への努力を展開したが、7月の参議院議員選挙で自民党が大敗し、その責任をとって内閣総辞職し退陣した。

私は、橋本とは親しくしていたが、首相を辞してから橋本があるとき、「舛添君、エリツィンが優秀な後継者が見つかったと言っている。プーチンという男だそうだ」と教えてくれたのをよく覚えている。エリツィンやエリツィン・ファミリーを救ったことが、プーチンに最高権力者への道を用意したことは確かであろう。

プーチンは、1999年8月16日に首相に就任した。KGBの一職員にすぎなかった男が、出世の階段をのぼっていったが、「プーチンって誰？」という感じで、首相に就任しても話題にもならなかった。

政治的基盤も財政的基盤もなく、側近もおらず、自分の力しか頼ることのできない一役人が、ソ連邦時代には考えられない超スピード出世を遂げたのである。

「唯一頼りにできるのは自分自身の力、明晰で氷のような頭脳、運、今まで裏切ったことがなく、おそらく将来においても裏切らないであろう幸運の星である政治的成功の戦士のような人」こそがプーチンである。実は、これはロシアの日刊紙『イズベスチャ』の2000年3月17日号の記事で、その後、今日に至るプーチンの成功物語を予言するようなアレクサンドル・

アルハンゲリスキーのコメントである（参考文献④、10ｐ）。

木村汎は、プーチンが自らを「人間関係の専門家」と評したことに注目し、「人誑《たら》しの名手」だとしている（参考文献②、３４７ｐ）。

ドイツの歴史家、ミヒャエル・シュテュルマーによれば、「『コミュニケーション』が自分の職業だ」とプーチンは言い、「まさしくコミュニケーションこそが、22歳の若さでソ連諜報機関の一員となった人物の、第二の天性となった」のである（参考文献⑬、１１１ｐ）。

首相、次いで大統領として成果を上げる

首相として、最初に直面した難題はチェチェン紛争である。１９９９年8月末から9月中旬にかけてモスクワをはじめ各地で高層アパートなどが連続して爆破される事件が起こり、３００人以上の犠牲者が出た。

チェチェン紛争については後で詳しく述べるが、プーチンは爆破事件をチェチェン独立派による武装テロだと断定して、強硬に対処することを決めた。9月23日、ロシア空軍はチェチェンの首都グロズヌイを無差別爆撃し、地上部隊もチェチェンに侵攻した。9月24日、プーチンは、訪問先のカザフスタンで、テロリストを「便所のなかまで追いかける」と大衆受けする下品な汚い言葉を使って、国民に対決姿勢をアピールしたのである。

この強力な対応がロシア国民の支持を集め、「強いリーダー」としてプーチンの人気が急上昇した。これがプーチンを大統領に押し上げるのに大きく役立ったことは否定できない。

この年の12月31日、エリツィンは健康上の理由で引退を宣言した。それを受けて行われた大統領選挙で、2000年3月26日、プーチンは当選し、5月7日、ロシア連邦の第2代大統領に就任した。

実は高層アパート連続爆破事件は、プーチンを「国民的英雄」に仕立てあげて大統領にするため、またエリツィンの汚職に蓋をするために、FSBが仕組んだ自作自演の事件だという説がある（参考文献⑩上巻、210p）。

大統領に就任したプーチンは、かつてのような「強力なロシア」を再建することを目標に掲げ、まずは中央政府の権限を強化した。連邦政府が地方をしっかりと掌握するために、大統領に就任した1週間後に、プーチンはロシア全土85地域を7つの連邦管区に分け、プーチンの側近が大統領全権代表として派遣され、地方を監視・監督した。「垂直統治機構」の構築である。

プーチンは財政健全化、通貨安定、インフレ抑制などの諸改革を断行したが、それに加えて主要輸出品である原油価格が上昇したことに追い風を受けて、ロシア経済は好転し、大きく成長していった。

エリツィン政権下で、国営企業が民営化される過程で、政権と癒着して富を蓄積したのが「オリガルヒ」と呼ばれる新興財閥である。彼らはテレビ局などのマスコミを所有し、政治的な影響力を行使し、国家財政を食い物にしていた。これを改革すべく、プーチンはKGB出身者らしく、治安・国防・情報機関の人材（これを「シロヴィキ」と呼ぶ）を動員してオリガルヒの財務状況を徹底的に調査し、脱税などを取り締まり、オリガルヒを逮捕していった。

プーチンは、大統領選で自分を支援したボリス・ベレゾフスキーがキングメーカー気取りの振る舞いをしたので、検察に不正を追及させた。そのためベレゾフスキーは2000年にイギリスに亡命するが、2013年3月23日、ロンドン郊外の自宅で「自殺」している。「ベレゾフスキーに対するプーチンの憎悪は、スターリンのトロツキーに対する憎悪を彷彿とさせる」のである（参考文献㉜、11p）。

さらにプーチンは、石油会社「ユーコス」社に狙いを定めて、CEOを務めるミハイル・ホドルコフスキーを脱税などの容疑で2003年10月25日に逮捕し、シベリアの刑務所に収監した。その結果、ユーコスは破産し、国営石油会社「ロスネフチ」の手に渡った。先述したように、プーチンは「エネルギー資源は国家が管理すべきだ」という方針を貫いたのである。

ホドルコフスキーは、2013年に恩赦で釈放され、イギリスに亡命した。

プーチンの指示で納税し、プーチンに忠誠を誓ったオリガルヒは弾圧しなかった。こうして、プーチンは資金面でも権力基盤を固めていく。

プーチンは、KGB関係者を中心とするシロヴィキとサンクトペテルブルク出身者の人脈を活用して統治を進めたのである。

国民の圧倒的支持を得て再選

外交では、2000年9月に日本を初訪問し、「日ソ共同宣言」の有効性を認めた。また、2001年1月にはアメリカでブッシュ政権が発足するが、6月にはブッシュと首脳会談を行っている。そして「9・11」のテロが起きると、反テロ闘争でアメリカと協力することを表明している。2002年5月には、米露首脳会談で戦略攻撃戦力削減条約に調印した。しかし、2003年3月のイラクに対する英米の武力行使には、プーチンは反対している。

さらに、国民とのコミュニケーションを図るという目的で、2001年12月には「プーチン・ホットライン（ロシア国民とのTV対話）」という番組をスタートさせている。プロパガンダにも創意工夫を凝らしたのである。

こうしてプーチンは、内政・外交で大きな成果を上げて1期目を終えるが、2004年3月の大統領選挙では70％超の得票という国民の圧倒的支持を得て再選された。

大統領としての2期目がスタートしてから半年後の9月、北オセチア共和国のベスランで学校占拠事件が起こった。チェチェン独立派の武装集団が学校を襲撃し、生徒や保護者ら約1000人を人質に立て籠もった。特殊部隊が突入し制圧したが、300人以上が死亡、負傷者多数という大惨事となった。

この事件をきっかけにして、地方の反乱を抑え、国家の統一を保つために、プーチンはさらに中央集権体制を強化する。具体的には「2004年12月11日付修正補足法」で、地方の知事を直接選挙制から任命制にしたのである。その後、2012年に公選制に戻した。また、2016年には市長選を廃止している。

経済は高騰する原油価格に支えられて引き続き好調で、IMF（国際通貨基金）などからの対外債務も2005年には完済している。ソ連末期、そしてソ連邦崩壊後のロシアは、IMFなど海外に巨額の借金をしていた。そのことはロシアの国際社会での発言力を弱め、大国として振る舞うことを不可能にした。それに我慢がならないプーチンは、原油価格の高騰を追い風にして、借金を完済するという快挙を成し遂げたのである。その上で不測の事態に備えて、「安定化基金」「国民福祉基金」などの外貨準備制度をスタートさせた。

この手法は日本でも行われており、国や地方自治体の行政を司る立場になると、財政に余裕があるときには、このような基金を積み増して、緊急時に備える。たとえば、私が都知事のときには、基金を大幅に増額した。東京都の財政は法人税収入に大きく依存しており、景気に大きく左右される。そこで、不景気のときに備えて、好況のときに基金の形で貯蓄しておくのである。プーチンも同じ手法を採用した。実際に、２００８年のリーマン・ショックのときには、プーチンの「貯蓄」がロシアを救っている。

プーチンは、２００５年の10月には「優先的国家プロジェクト」を立ち上げ、保健・教育・住宅建設・農業の分野で、政府の梃入れによって大きな進歩をもたらす計画を打ち出した。プーチンは、この計画の責任者として、11月にメドヴェージェフ大統領府長官を第一副首相に任命した。

オリガルヒに対する締め付けは継続したが、それは新興財閥による富の蓄積に反感を持つ国民の支持を高めた。しかし、政権反対派に対して強圧的手法で人権を抑圧したり、言論統制を強めたりして、欧米の批判が強まった。政権を批判する人物が、国内外で不審な死を遂げるような事件が相次いでいる。

たとえば、２００６年10月には『ノーヴァヤ・ガゼータ』紙のアンナ・ポリトコフスカヤ記者が自宅アパートのエレベータ内で射殺された。彼女はチェチェンでの人権抑圧について報道し、プーチン政権やＦＳＢを厳しく批判していた。

翌月には元ＫＧＢ・ＦＳＢ職員のアレクサンドル・リトビネンコが亡命先のイギリスで死亡している。放射性物質ポロニウム２１０による殺害である。リトビネンコは、チェチェン介入の口実にされた連続爆破事件はＦＳＢの謀略だったと告発した人物である。

この2名の死亡事件は、ＦＳＢによる暗殺だと考えられている。プーチン体制下でも、「体制に望ましくない人間を完全に排除するスターリン主義者の手法が拠りどころにされている」のである（参考文献㉜、7ｐ）。

『ノーヴァヤ・ガゼータ』社を取材した福田ますみは、プーチン体制下の言論弾圧について、次のように記している。


ソ連時代、いわゆる反体制派は厳しい弾圧に晒された。投獄され、精神病院に放り込まれ、国内流刑や国外追放の憂き目に遭った。とはいえ、スターリン独裁下は別として、その後のフルシチョフ、ブレジネフ時代以降、処刑された者はいない。ところが、現代の体制批判者は、裁判によらず、白昼の街頭でいきなり射殺されるのである。（参考文献㉝、31～32ｐ）

まさにスターリン時代の再来である。

外交では、西側との協調路線を維持し、２００６年7月には、プーチンは初の議長国として、サンクトペテルブルクでＧ8サミットを主催した。

タンデムで権力維持

大統領の任期は2期までと憲法で定められていたので、プーチンは大統領を退任し、首相となって政界にとどまることを決意する。2007年10月に開催された与党「統一ロシア」の第8回党大会で、その可能性を示唆し、12月2日の下院選挙では、統一ロシアの比例代表名簿第1位に記載された。党は大勝した。そして、12月10日には、メドヴェージェフ第一副首相を後継者として指名したのである。

2008年3月の大統領選では、メドヴェージェフが70%超の得票で大勝した。4月の統一ロシアの第9回党大会で、プーチンは党首に就任した。

プーチンは5月に任期満了で大統領を退任し、メドヴェージェフ大統領によって首相に指名された。プーチン・メドヴェージェフの「タンデム（双頭）」政権の始まりである。

しかし、実際の最高権力者はプーチンであり、副首相・外相・国防相らによる政府幹部会を設置して議長として政権の舵取りを行った。さらに大統領が任命する知事は公務員となって首相管轄下に置かれ、連邦管区大統領全権代表は代表権を失った。

2008年8月7日、グルジア（現・ジョージア）は南オセチアの首都ツヒンヴァリに軍事侵攻した。ロシア軍が介入し、グルジア軍を撤退させ、8月26日には南オセチアとアブハジアの独立を承認したのである。

エリツィン政権末期の1999年9月に、ロシアがチェチェンに軍事介入し、独立派勢力をねじ伏せたのに続くプーチンによる力の勝利であった。

統一ロシアによる選挙不正

グルジアでの軍事作戦成功の後、メドヴェージェフ大統領は憲法を改正して、大統領の任期を6年に延長することを提案し、11月19日に下院で承認された。ただし、メドヴェージェフ大統領の任期には適用されないとされたため、プーチンが立候補する可能性のある次期大統領選挙を前倒しする準備だとみなされた。

2009年9月のヴァルダイ会議（国際討論会議）で、2012年の大統領選挙について質問されたプーチンは、「2012年近くになったら、メドヴェージェフと話し合って決める」と答えている。

ヴァルダイ会議とは、2004年に設立された地球規模の問題を世界中の専門家が集まって議論するフォーラムである。初回がノヴゴロド州のヴァルダイ湖の近くで開催されたので、この名称となっている。このフォーラムにはプーチンも参加し、演説して、参加者と質疑応答することで、耳目を集めてきた。ウクライナ侵攻後の2022年10月24～27日にモスクワ郊外で第19回会議が開かれ、27日にはプーチンが演説し、侵略を正当化している。

話を2009年のヴァルダイ会議での発言に戻すと、その言葉通り、2011年9月24日に、党大会でメドヴェージェフと公職ポストを交換することを発表し、2012年の大統領選への出馬を表明した。

2011年12月4日には下院選挙が行われたが、欧州安全保障協力機構（OSCE）の派遣した選挙監視団などから統一ロシアによる不正が指摘された。ロシア中央選管は統一ロシアの得票率を49・3％と発表したが、実際は30％以下だったのではないかとされている。そのため投票日の翌日から、選挙不正に抗議する反政権デモが始まり、大きな反政府運動となっていった。

西側への対抗姿勢を強めるプーチン

2012年3月の大統領選で、プーチンは約63％の得票率で当選した。4月には統一ロシアの党首を辞任し、5月7日に第4代ロシア連邦大統領に就任した。

6月～7月には、反対派を弾圧するための法改正を実施した。たとえば、フェミニストのロックバンド「プッシー・ライオット」の3人のメンバーが、大統領選挙不正に抗議して、モスクワのロシア正教会救世主ハリストス大聖堂で「マリア様、プーチンを追い出して」と歌いはじめたが、すぐに警備員によって退去させられた。その後、3人はフーリガン行為の咎《とが》で起訴され、8月17日に禁錮2年の実刑判決が言い渡された。

彼女らが歌った歌詞は、モスクワ総主教キリル1世が神よりもプーチンを信じていると皮肉っている。キリル1世が、2022年2月のロシアの軍事侵攻を支持したことは周知の事実である。

対外関係では、2012年8月にはWTO（世界貿易機関）に正式に加盟したり、9月にはAPEC（アジア太平洋経済協力）首脳・閣僚会議をウラジオストクで開催したりするなど、西側との協調路線を維持していった。

2013年9月5〜6日にはサンクトペテルブルクでG20が開かれ、プーチンは議長を務めている。しかし、9月11日には、ニューヨーク・タイムズ紙で、アメリカの「例外主義」を批判し、西側批判を強めていく。12月12日には、年次教書演説で、「保守主義」を宣言している。

そして、2014年になると、プーチンのそうした傾向はますます強まっていく。

2月には、ソチで冬季五輪が行われた。私も2020年の東京五輪の準備を進める都知事として視察に行き、バッハIOC会長らと会談するとともに、プーチンの好きなアイスホッケーの競技を見たり、閉会式に出席したりした。大会は大成功だったし、ロシア人学生たちがボランティアとして通訳や観客の誘導などに当たっており、好印象を抱いたものである。旧ソ連から見ると全くの様変わりで、西ヨーロッパ諸国と区別が付かないような明るさであった。オリンピックが2月7日から23日まで、パラリンピックが3月7日から16日までの開催であった。

ところが、パラリンピック閉幕直後の3月18日、プーチンはロシア系住民の保護を名目に、ウクライナのクリミア自治共和国・セヴァストポリ特別市のロシアへの併合を発表したのである。この併合は、住民投票→独立宣言→併合要望決議→ロシアとの条約締結という手順で行われたが、国際連合や西側諸国はこれを国際法違反として非難し、ロシアに経済制裁を科した。そして、先進7カ国（G7）は、ロシアを主要8カ国（G8）から排除することを決めたのである。こうして、ロシアは西側との距離を広げ始める。

プーチンは、クリミアの次に、ウクライナ東部のドンバス地域を標的にした。この地域は親露派勢力がドネツク人民共和国、ルガンスク人民共和国を樹立して、ウクライナ政府と紛争を繰り返していた。この紛争を終わらせるべく、OSCEが調停に乗り出し、2014年9月5日、ミンスクで当事者の合意をとりつけた。

これがミンスク議定書であるが、その後も戦闘は続いたため、ドイツとフランスが仲介役を買って出て、2015年2月11日にウクライナとロシアの間で、ミンスク合意（ミンスク2）が成立した。しかし、その後も紛争は続いていった。

2015年9月30日には、内戦が続くシリアで、プーチンはアサド政権の要請に応える形で空爆を開始した。国際テロ集団IS（イスラム国）を退治するためだという大義名分を掲げて、トランプ政権のアメリカが撤退したシリアで大国としての存在感を増したのである。

２０１２年５月に大統領職に復帰して以来、プーチンは国際会議などで安倍首相と数回会談し、２０１６年には訪日し、またその後も首脳会談を繰り返して、北方領土問題解決を目指す姿勢を示した。

２０１８年３月の大統領選挙では、76％超の得票率でプーチンが４選を決めた。プーチンは次第に独裁者的な権力を固めていき、盤石な政権基盤を背景に、２０２２年２月24日、「特別軍事作戦」と称して、ウクライナに軍事侵攻したのである。

第2章「タタールの軛」と帝政ロシアの遺産

＊ユリウス暦のロシア暦は1918年1月末まで使われたが、その後、我々が今使っているグレゴリウス暦に変更された。ユリウス暦より、グレゴリウス暦は、18世紀には11日遅れ、19世紀には12日遅れ、20世紀には13日遅れである。本書では、ロシア人やロシア国内の出来事については、1918年1月31日まではユリウス暦、それ以降はグレゴリウス暦で記す。

ロシアは世界最大の領土を誇る国家であるが、ロシア人は近代国家として出発する前も、その後も、外敵の侵入に脅かされてきた。

彼らが住むロシア平原には、アジアの遊牧民族が次々と侵入し、その生存を脅かした。13世紀初めには、チンギス・ハンのモンゴルが来襲する。この遊牧民は農耕民族を征服して虐殺し、モスクワもキエフも破壊し尽くしてしまったのである。

ユーラシア大陸の約3割を占めるロシアにとっては、周辺の民族の侵入からいかにして国土を守るかということが大きな課題であった。ロシア人にとって最大の脅威は、13世紀前半～15世紀後半にはモンゴル・タタール人（「タタールの軛」）であり、19世紀初頭においてはナポレオン、20世紀においてはヒトラーのナチスであった。

キエフ・ルーシ（キエフ大公国）

近代以前のロシアの歴史を繙いてみると、ノルマン人の大移動の一環として、リューリクが率いるヴァイキングがロシアに上陸し、ノヴゴロドを征服して、862年にノヴゴロド国を樹立した。そのノルマン人のことをルーシと呼び、これがロシア国家の起源とされている。

リューリクに服従していたアスコリドとヂルの兄弟は南下し、コンスタンチノープルにまで至るが、その途中でキエフに関心を持ち、支配者のハザール国から奪い取った。リューリクの死後、882年に一族のオレーグ公が兄弟を殺害し、キエフを征服してキエフ大公国を始める。その後継者であるイーゴリ、スヴャトスラフの治政下でキエフ大公国は版図を拡大する。

イーゴリの死後、妻オリガが摂政として20年間キエフ大公国を統治するが、彼女は957年コンスタンチノープルを訪問した際にキリスト教の洗礼を受けた。ただ、これはあくまでも個人的な受洗であり、公的には988年の孫のウラジーミル大公による受洗が初で、ギリシア正教がキエフ大公国公認の宗教となった。そして、ビザンツ文化が受け入れられたのである。

こうして、ロシア人とギリシア正教が切っても切れないような関係になる。

このことはプーチンの思想と行動を理解する上でも忘れてはならない要素である。

11世紀後半になると、キエフ大公国の南からトルコ系遊牧民のポロヴェツ人が侵入し、激しい戦いとなった。ポロヴェツ人は駆逐されたが、その後また分裂が進み、12世紀半ばには15もの公国が分立する状態となった。

国（ルーシ）がこのように分裂する状態が続く中、13世紀になると、モンゴルが襲ってくる。チンギス・ハンは、1206年にモンゴル帝国を建国し、版図を拡大していく。モンゴルでは、国家を「ウルス」と呼び、モンゴル帝国は「大モンゴル・ウルス」という。

タタールの軛

モンゴルは1223年にはロシア南東部に進出し、ポロヴェツ人を攻撃した。それに対応するため、ポロヴェツ人はルーシ諸公国に応援を依頼した。しかし、ルーシ・ポロヴェツ連合軍は5月31日、カルカ河畔（現在のウクライナのドネツク州付近）の戦いでモンゴル軍に大敗した。その後、モンゴル軍は中央アジアに戻っていった。

1236年、モンゴル帝国第2代皇帝のオゴデイ・ハンはチンギス・ハンの長男ジョチの息子バトゥに西方遠征を命じる。

バトゥは大軍でロシアに侵入し、1237年にはリャザン、モスクワ、1238年にはウラジーミルを陥落させた。1240年にはキエフが攻略され、キエフ大公国は滅亡した。さらにモンゴル軍は、1241年にポーランドへ侵攻し、レグニツァの戦い（「ワールシュタットの戦い」とも言う）でポーランド・ドイツ連合軍を大敗させた。

バトゥは、さらにハンガリーを席巻し、1242年にはウィーンにまで迫り、ヨーロッパのキリスト教世界を恐怖のどん底に陥れた。それは、モンゴル軍が占領地域を破壊し尽くし、全住民を虐殺するなどの残虐行為を行う「恐ろしい騎馬民族」として喧伝されたからである。

1241年にオゴデイ・ハンが死去した。1242年にその訃報に接したバトゥは、西方遠征を止めて東に向かう。しかし、モンゴル高原には戻らず、ヴォルガ河畔のサライに町を築き、キプチャク・ハン国（ジョチ・ウルス）を建国した。

1260年にフビライが第5代皇帝に就任する。フビライは1271年に都を大都（北京）に遷し、国号を元とした。

因みに、モンゴル軍が日本に侵攻したのは、ロシア遠征の約30年後であった。1274（文永11）年と1281（弘安4）年の元寇である。

支配者のキプチャク・ハン国と、ロシアの諸公は臣従関係を結ぶことになる。それを率先したのがノヴゴロド公アレクサンドル・ネフスキーである。彼は、1240年、ネヴァ河畔でスウェーデン軍を撃退し、1242年にはドイツ騎士団を氷上の戦いで敗退させている。

スターリンやプーチンが称賛するこの国民的英雄は、ロシアで実権を握るために、キプチャク・ハン国に臣従し、1252年にはモンゴル人の力を借りてウラジーミル大公となった。ウラジーミル公国にはロシア正教の主教座があった。因みに、モンゴル人は宗教には寛容で、ロシア正教やイスラム教を弾圧することはなかった。

臣従関係、つまり、この間接統治体制の下、ロシア人は、納税の義務を課せられた。この状態を、ロシア人は「タタールの軛」と称した。当時のロシア人は、モンゴルをタタールと呼んでいたのである。

キプチャク・ハン国は、1362年に西方ではリトアニア公国にウクライナを奪われた。東方ではティムール帝国に侵略され、14世紀の末頃から衰退していった。

キエフ大公国の滅亡後、ルーシの地方政権はキプチャク・ハン国の間接統治を受けたが、アレクサンドル・ネフスキーの子ダニールがモスクワ公となり、版図を拡大していった。そして、14世紀前半のイヴァン1世のときからモスクワ大公国となった。

モスクワ大公ドミートリーは、1380年のクリコーヴォの戦いでキプチャク・ハン軍に勝利し、ドミートリー・ドンスコイ（ドン川のドミートリー）と呼ばれた。この勝利がモスクワ大公国の名声を高め、「タタールの軛」から脱却する足掛かりとなったのである。

その後もモスクワ大公国は、その他の公国を併合し、1462年に大公となったイヴァン3世は、1478年にノヴゴロド公国（実態は共和制）も併合してロシア統一を進めた。そして、1480年にはキプチャク・ハン国への臣従を破棄し、ロシアを「タタールの軛」から解放した。

ロシア人の隷属状態は、1480年まで240年間も続き、その後のロシアの歩みに大きな影響を及ぼした。

因みに、キプチャク・ハン国分裂後も、タタールは、カザン、アストラハン、クリミアにハン国を造った。最後のハン国（クリミア・ハン国）があったクリミアがロシアに併合されるのは、1783年のことである。

タタールの軛がロシア人に残したもの

ロシアを支配したモンゴル人は、諸都市を徹底的に略奪し、破壊し、住民を皆殺しにし、職人を連れ去った。こうして、多くの都市が消滅し、商業活動は衰退し、様々な技術が失われた。破壊から免れたのは、ノヴゴロドとスモレンスクのみであり、キエフでさえ数百世帯にまで人口が減少したという。この破壊行為は文化にも及び、ロシアの文化水準は低下してしまった。

大都市には、自由民が全員出席する直接民主主義の集会「ヴェーチェ」があり、諸公の権力を抑制するのに一定の役割を果たしてきたが、モンゴルによって解体させられた。こうして、民主主義の萌芽まで摘み取られたのである（参考文献㉟、67p）。

江戸幕府は1603年に始まり、19世紀半ばまでの約2世紀半にわたって平和な統治を行った。それと同じくらい長い年月である240年間にわたって、ロシア人はモンゴル人に支配されたのである。

この「タタールの軛」が、その後のロシア人の思想と行動に大きな影響を及ぼし、ロシアの発展の方向を左右したことは確かである。それはプラスの面もあれば、マイナスの面もある。たとえば統治のあり方については、ロマノフ王朝の皇帝（ツァーリ）たち、ソ連時代のスターリン、そしてプーチンの行動にも、モンゴルの影響を色濃く見てとれる。

その影響について、司馬遼太郎は、「外敵を異様におそれるだけでなく、病的な外国への猜疑心、そして潜在的な征服欲、また火器への異常信仰、それら全てがキプチャク汗国の支配と被支配の文化伝統だと思えなくはない」と述べている（参考文献㊳、23ｐ）。

外的への警戒心

モンゴル支配の影響の第一は、安全保障の重視である。陸続きのユーラシア大陸を席巻する騎馬民族にロシアは蹂躙された。外敵に対して異常なまでの警戒心を抱くのは当然である。

後で詳しく論じるが、ソ連邦崩壊後にＮＡＴＯの東方拡大を警戒した心理がそうである。かつてソ連の衛星国だった東欧諸国が次々とＮＡＴＯやＥＵ（欧州連合）に加盟していく状況は、ロシアにとっては耐えがたいものであった。バルト三国、ポーランド、ハンガリーなどが西側に寝返った。

そこで、国境を接する最後の砦、ベラルーシとウクライナは何としてでも敵には渡さないというかたい決意をロシアは持ったのである。ベラルーシは親露派のルカシェンコ政権であるが、ウクライナは親西欧政権になってしまった。そのため、ロシアの危機感は募り、プーチンは遂に2022年2月24日にウクライナに軍事侵攻したのである。

外敵の侵入を阻止するには、強力な軍事力を持たねばならない。

軍事力至上主義

モンゴル支配がロシア人に刻印した第二の点は、軍事力至上主義である。モンゴルが広大な地域を支配できたのは強力な軍事力のおかげである。疾走する騎馬軍団から放たれて遠くまで到達する矢、敵の城を破壊する投石機などの兵器の前では、征服された民族は無力だった。

この体験から、ロシア人は、軍事力こそが国の存立の基盤であるという信念を持ったのである。それは、現代に至るまで変わっていない。第二次世界大戦末期、「ローマ教皇は全世界のカトリック教徒に絶大な影響力を持っている」というウィンストン・チャーチルに対して、スターリンは、「そのローマ教皇とやらは何個師団を持っているのかね」と質問したというエピソードは、この国の指導者の軍事力至上主義をよく表している。

そのスターリンは、混迷を極める国際環境を前にして、ソ連の安全を確保するために、重工業化、軍備の増強に血眼になる。そのための資金を獲得するには、小麦を輸出するしかない。そこで、スターリンは、1932~33年にウクライナの農民から穀物などの食料を強制的に取り上げ、餓死させたのである。その結果、ソ連は外貨を稼ぎ、外国製の製作機械などを買うことができた。全ては、強力な軍事力を獲得するためであった。

稀に見る残虐性

第三は稀に見る残虐性である。モンゴル軍は征服した土地の住民を皆殺しにした。利用価値の高い職人などは連れ去った。また、文化財を含め都市を破壊し尽くした。

もっとも、当時の記録にはモンゴルによる破壊や虐殺のことは記されておらず、モンゴルの脅威を誇張し、ロシアの停滞をモンゴルの責任にしようとする後世のギリシャ正教とロシア・ツァーリズムによる創作であるという指摘もある。モンゴル史の専門家、杉山正明は、次のように記している。

モンゴルは、ロシアを「遅らせた」張本人とされ、そのおそるべき厄災からロシアを救い出したツァーリ以下の権力者・宗教者は聖なる存在とされた。ロシア民衆にとって、モンゴルは一貫して悪魔であり、権力者にとってはみずからを正当化してくれる麻薬なのであった。（中略）ロシア帝国以来、ソ連をへて現在にいたるまで、ロシアにとってモンゴルは愛国の炎を燃えさせる便利な手立てのひとつなのである。（参考文献㉒、164p）

しかし、後世の創作であれ、モンゴルの残虐性をロシア人の心に刻印させたことは事実であり、歴代ツァーリからスターリン、そしてプーチンに至るまで、多くの権力者が、その残虐性を自らも模倣したのである。

キプチャク・ハン国のバトゥは徴税官（バスカク）制を設け、貢税（ダーニ）を直接徴収したが、やがてこのバスカク制は廃止され、ロシア人諸公による徴税代行に切り替えられた。いわば間接統治であり、「教会には布教の自由を認め、免税特権を与え、そしてその財産を保護した。民衆の信仰にも一切干渉することはなかった」のである（参考文献㉑、42p）。

キプチャク・ハン国は、徴税をロシアの諸公に請け負わせることで統治の手間が省け、また諸公は、その徴税代行で富を獲得し、軍事力も強化できたのである。正教会が弾圧されることもなかった。この実態について、歴史家のマーシャル・T・ポーも、「お互いに裨益する取引」だと述べている（参考文献㉓、30p）。

「タタールの軛」については、割り引いて理解する必要があるが、それがロシア人に与えたインパクトは無視できない。

情報収集に全力をあげる

第四は情報重視である。外国を侵略し、奪い取るためには、その国についての情報収集が不可欠である。政情は安定しているか、軍隊はどのくらい強いか、経済は繁栄しているかなどについて、正確な情報を入手し、それに基づいて攻略法を考えるのである。

チンギス・ハンは帝国を拡大するに際して情報収集に重きを置き、他部族を征服するために諜報活動を展開した。敵の情報を得ると、普通は10日間かかるところを、早馬のリレーシステムを駆使して、わずか24〜36時間で前線基地に届けさせた。これが、勝利をもたらす重要な要素だったのである。

早馬による情報伝達のためには、道路網・交通網の整備が必要である。モンゴル人はそのネットワーク作りにも長けていた。オゴデイ・ハンの時代にはジャムチ（駅伝制）を整備した。これは20〜30キロごとに宿泊所、食糧、馬、車などを備えた駅を設置し、駅を伝ってモノ・ヒト・カネ、そして情報を効率的に伝達したのである。

諜報活動の重要性を強調したのが、チンギス・ハン配下の武将、スブタイ（1176〜1248年）である。彼は、同僚の武将ジェベとともに、中央アジアに遠征してホラズム・シャー朝を攻撃し、国王ムハンマドを東方に追いやる。その後もカフカス山脈を越えて、「偵察」と称して、アゼルバイジャン、グルジアを攻めて敗退させ、さらにロシアに侵攻した。そして、先述したカルカ河畔の戦いで、ルーシ・ポロヴェツ連合軍を潰滅させたのである。

スブタイは、現在の国名で記すと、中国華北、キルギス、アフガニスタン、イラン、ジョージア、ポーランド、ハンガリーなど広範囲の32の国家や部族を征服し、65回に及ぶ戦いに勝っている。彼は、「戦いの勝利は諜報活動のたまものだ」と明言している（参考文献㉗、10〜11p）。

モンゴルのスパイが、キャラバン（商人）の中に混じって、広大なユーラシア大陸各地に散らばっていた。彼らは情報収集に余念がなかったのである。

秘密警察網を張り巡らす

モンゴルの支配は、個人が国家に従属する体制をロシアに定着させたが、モンゴル人は秘密警察のシステムをロシアに持ち込んだ。

モンゴル追放後、ロシアの歴代皇帝は「このモンゴル人によってもたらされた恐怖、密告、諜報、警察支配といった統治パターン」を継承していく（参考文献㉗、11p）。

秘密警察の組織化は、ロマノフ王朝になっても踏襲され、たとえばエカテリーナ2世は秘密調査局を発足させた。また、ニコライ1世は、1825年12月に起こったデカブリストの乱を鎮圧した翌年に、反体制派を取り締まるための「皇帝官房第3部」を設置した。この設置を提案したのがアレクサンドル・フリストフォロヴィチ・ベンケンドルフ伯爵である。

このベンケンドルフは、プーチンが尊敬する歴史的人物の一人である。それは、この秘密警察長官が単に反体制派を弾圧するのみならず、反体制派と対話し、彼らの不満に真摯に対応したからである。そのことによって、反体制運動を鎮静化させたことをプーチンは高く評価している。そして、自らも、そのような「対話」手法を採用したのである（参考文献③、207p、293〜294p）。

その後、ニコライ1世の後継の皇帝、アレクサンドル2世が、ペテルブルク特別市長附属秩序警備・公安局を創設する。しかし、期待された成果は上がらず、1880年2月には自らの暗殺未遂事件が起こり、この組織は廃止される。

しかし、秘密警察が無くなったわけではなく、その機能は内務省警察部警備局（オフラーナ）に移譲され、全国規模で反体制活動を徹底的に取り締まった。

帝政ロシアで革命活動を展開していたレーニンやスターリンでさえ、このオフラーナの餌食となったのである。レーニンの側近で、ボリシェヴィキ議員団長のロマン・マリノフスキーが実はオフラーナのスパイで、その策略によってスターリンは逮捕され、シベリア流刑となる。

裏切り者に気づかなかったスターリンは、スパイを上手く活用すると有力な武器になることを認識し、権力掌握後には秘密警察を充実させ、密告などの手段で反対派を摘発し、弾圧・粛清を断行するのである。

第二次世界大戦後のソ連の秘密警察KGBに就職したのがプーチンであり、彼もまたモンゴルがロシアにもたらした統治システムの嫡出子なのである。

1917年の10月革命後、内戦や外国からの干渉に苦しむレーニンは、反政府活動を監視し弾圧する必要性を痛感し、信頼するポーランド出身の同志であるフェリックス・ジェルジンスキーにその任を託した。ジェルジンスキーは、1917年12月に秘密警察としてチェーカーを創設する。

内外の反革命勢力と戦うために、チェーカーは反政府活動家を逮捕して処刑していった。レーニン自ら、現場での銃殺を命令した。

ジェルジンスキーは、「オフラナの戦術を取り入れ、反革命派をいぶし出すために潜入スパイを使うよう指令を出した」のである（参考文献㉗、142p）。そして、そのスパイは海外にも派遣され、フランス、イギリス、アメリカなどで反革命派の集団に紛れ込むのである。

1922年2月、チェーカーは廃止され、GPU（国家政治保安部）が設置され、内務人民委員部（NKVD）に組み込まれる。1922年12月のソ連邦の成立に伴って、GPUは1923年7月にNKVDから独立してOGPU（統合国家政治保安部）に改組される。

その後、この秘密警察組織は権限を拡大し、国境警備の役割も担うようになる。OGPUは、1934年7月にNKVDの直轄下に置かれ、ゲンリフ・ヤゴーダが初代長官になった。この秘密警察組織は、反対派を監視し、密告させ、逮捕し、拷問によって罪を告白させ、処刑するという恐怖政治を展開した。

『ソヴィエト旅行記』の中でアンドレ・ジッドは、次のようにGPUの手法を説明している。

密告から身を守るための最も手っ取り早い方法は、先手を打つことである。第一、怪しい言葉を聞いて、それをすぐに報告しなかったら、それだけで監獄に入れられたり、収容所に送られたりすることもありうるのだ。密告は市民の美徳とさえなっているのである。みんなごく幼い頃からそれに励み、「報告」した子どもは褒められる。（中略）それがGPUの捜査のやり方なのだ。密告に褒美を与えるということが。（参考文献㊴、196p）

OGPUは、第二次世界大戦中は国家保安人民委員部（NKGB）、第二次世界大戦後には国家保安省（ＭＧＢ）を経て、一時内務省（ＭＶＤ）に統合される。その後、１９５４年には独立して、国家保安委員会（ＫＧＢ）となったのである。

イヴァン雷帝の遺産

話をイヴァン３世の時代に戻そう。１４６２年、イヴァン３世（大帝）がモスクワ大公に即位し、１４７２年にはビザンツ帝国皇帝の姪ゾエ・パレオロゴスと結婚した。そして、１４７８年には、ノヴゴロド公国を併合した。イヴァン３世は、全ロシアの君主として、「ツァーリ（皇帝）」を名乗った。そして、先述したように、１４８０年にはタタールの軛からロシアを解放したのである。

イヴァン３世の孫が雷帝と呼ばれるイヴァン４世である。彼は、１５３３年に３歳で即位して以来約50年にわたって帝位にあったが、貴族たちによる掣肘《せいちゅう》を受けない絶対的な権力の確立に努めたのである。彼は、中央の官僚機構を整備し、地方でも貴族を派遣せずに自治制度を推進させた。また諮問機関として「ゼムスキー・ソボル（全国会議）」を設置し、貴族や聖職者に加えて、商人や町人の代表を参加させた。

因みに、このゼムスキー・ソボルをカトリック・ヨーロッパの身分制議会と同一視する意見もあるが、先述したヴェーチェもそうだが、やはり異なるものとみたほうがよい。ロシアの

イヴァン雷帝の直轄領（オプリチニナ）を治めるために集められた、ツァーリだけに忠実な親衛隊員オプリチニキ。

人々は、自由な議論の場よりも、世襲制に基づく強力なツァーリを求めていたのである（参考文献㊱、39p）。

１５６５年には、ロシア全土を「国土（ゼムシチナ）」と「皇室特別領（オプリチニナ）」に分け、後者を守るためにオプリチニキという親衛隊員を派遣し、貴族と対抗させた。ツァーリに対抗する者を抹殺するテロ行為を行ったのである。彼らは、黒衣を着て、箙《えびら》の帯に箒《ほうき》を結びつけ、乗馬用の馬には犬の首をぶら下げていた。

粛清を職務とするオプリチニキのような秘密警察は、ソ連邦になっても継続され、スターリンの大粛清に繋がったのである。プーチンは、そのスターリンを師と仰いでいる。

現代ロシアの作家、ウラジーミル・ソローキン（１９５５年８月７日生まれ）は、２００６年に近未来小説『親衛隊士の日』（松下隆志訳、河出書房新社、２０１３年）を公刊し、２０２８年、ロシア帝国が復活し、皇帝を守るためのオプリチニキが敵を弾圧し、潰滅させる姿を描いている。これは、ある意味で、イヴァン雷帝とプーチンとを二重写しにしている本である。

ソローキンは、ドイツの雑誌『シュピーゲル（Spiegel）』のインタビューで、「私たちは今なおイヴァン雷帝によって創られた国に住んでいるのです」と述べている。イヴァン雷帝の遺産もまた、プーチンに引き継がれているのである。

対外的には、イヴァン4世は、1552年にカザン・ハン国、1556年にはアストラハン・ハン国を征服する。また、1558年には、バルト海の覇権をめぐってポーランドやスウェーデンと戦端を開く。これは、リヴォニア戦争と呼ばれるが、25年間も続くことになり、最終的には、ロシアの領土拡張の野望は叶えられなかった。

こうしてバルト海への進出を拒まれたロシアは、ウラル山脈を越えて東に向かい、1582年にはシビル・ハン国を占領する。その後、トボリスク、チュメニ、ベリョーゾフなどに要塞が築かれ、それらが町として発展し、シベリアは開発されていく。1598年、シビル・ハン国は滅亡する。

動乱時代（スムータ）

イヴァン4世は1584年に世を去る。後継の息子のフョードル1世は1598年に死去する。フョードル1世には世継ぎがいなかったので、リューリク朝は断絶した。

そこで、ゼムスキー・ソボルは、フョードルの義兄で摂政として統治に当たっていたボリス・ゴドゥノフを次のツァーリに選出するが、それから15年間、内政・外交において不安定な「動乱時代（スムータ）」となる。

イヴァン4世の末子ドミトリーの死の直後から実はドミトリーは生きていたとして、1600年頃にポーランドにドミトリーを名乗る僭称者《せんしょう》が現れ、モスクワは大混乱に陥った。その後は、リューリク朝の血を引くヴァシーリー・シュイスキーが皇帝となり、ヴァシーリー4世となったが、統治能力に欠け、対外戦争にも負け、1610年に退位した。こうして、1610年から1613年はツァーリ不在の皇帝空位期間となった。

西からはカトリックのポーランドが侵攻し、北からはプロテスタントのスウェーデンが介入するという状態で、ロシアは国家存亡の危機を迎えたのである。外国軍に国土を蹂躙され、モスクワも破壊され、住民が虐殺された。これに対して、ドミトリー・ポジャルスキー公とニジニ・ノヴゴロドの商人クジマ・ミーニンに率いられる民衆が立ち上がり、1612年11月（旧暦10月）にモスクワを解放した。

1613年2月、ゼムスキー・ソボルは、ロマノフ家のロストフ府主教フィラレートの息子、16歳のミハイル・ロマノフをツァーリに選んだ。こうして、ロマノフ朝が始まったのである。スウェーデンとの戦争は1617年に、ポーランドとの戦争は1619年に講和に至ったが、多くの領土を失ってしまった。

失われた領土を回復する戦いをロシア・ナショナリズムの正当なる発揚として、スターリンもプーチンも実行しているのであり、ウクライナへの2022年の軍事侵攻もその一環である。

2005年に、プーチンは、11月4日を「民族統一の日」として新たに祝日にした。この日を選んだのは、1612年のポーランド軍放逐、モスクワ解放の日を念頭に置いたものであり、動乱時代を終わらせた歴史的勝利を民族統一のシンボルとしたのである。失われた領土を取り戻すというプーチンの執念がよく分かる。

動乱時代を振り返ると、「生まれながらのツァーリのいないロシア国家というものが、もはや考えられなくなっていた」のであり、それがリューリク朝の断絶後の混乱を生んだのである。そして、ロシアには専政以外の統治形態は想定できないという認識が固定化していったのである（参考文献㉘、323p）。

次に、ロマノフ王朝からソ連邦の崩壊までの歴史を簡単に振り返っておこう。

ロマノフ王朝のロシア

ロマノフ王朝は、ミハイル・ロマノフ（在位1613～45年）を開祖として1613年に始まるが、日本では徳川家康が江戸幕府を開いたのとほぼ同じ時期に当たる。

その後、アレクセイ1世（在位1645〜76年）、フョードル3世（在位1676〜82年）と続き、1682年にソフィア・アレクセーブナ摂政の下、イヴァン5世とピョートル1世の共同統治が開始されるが、1689年にはピョートル1世が実権を把握した。

1694年に親政を開始したピョートル1世（大帝）は、発展の遅れたロシアをヨーロッパ列強と伍するように近代化に邁進する。西欧へ大使節団を派遣し、外国人を大量に雇用して、近代化・西欧化を推進する。幕末明治維新の時期の日本のようであり、「文明開化」「お雇い外国人」といった光景が目に浮かぶ。

西欧化・近代化とともにピョートル大帝が力を注いだのがロシアの大国化である。まず、オスマン帝国の統治地域に南下し、1696年にアゾフ海まで数キロのアゾフを攻撃し占領した。1711年にはオスマン帝国の反撃によっていったんは放棄するが、大帝死後の1739年にロシア領となった。

北方では、1700年から1721年までスウェーデンのカール12世と北方戦争を戦った。緒戦で敗れたため、軍備を整え、新都サンクトペテルブルクを建設して対抗し、1709年にはポルタヴァの戦いに勝った。最終的には、1721年にイギリスの仲介でニスタットの和約を締結し、戦争はロシアの勝利に終わった。ロシアは、フィンランドを除いて、占領したバルト海沿岸の地域を獲得したのである。

1712年には完成したサンクトペテルブルクに遷都し、その後、バルト海での覇権を確立した。ピョートル大帝は海軍力を増強し、クロンシュタット要塞を拠点にバルチック艦隊を創設した。

東方では、シベリアに進出し、1689年には清の康熙帝《こうきてい》とネルチンスク条約を結び、清との国境を画定した。また、ベーリングらにカムチャツカやアラスカを探検させている。

プーチンは、このように領土を拡張し、ロシアを大国にしたピョートル大帝を尊敬する。2022年、ウクライナ侵攻後に、若い起業家や科学者の集まりで、プーチンは「皆さんは、ピョートル大帝はスウェーデンと戦い、土地を奪ったのだと考えているかもしれない。大帝は何も奪っていない。奪い返したのだ！」と述べた。そして、「今の私たちにも、奪い返して強化する責任がある」と明言し、ウクライナ侵略を正当化したのである。

ピョートル大帝がエストニアの都市、ナルヴァを侵攻したことを「ロシアによる領土の奪還と強化」とプーチンが述べたことについて、エストニア外務省はロシア大使を呼び、厳重に抗議している。プーチンは、歴史を自分の都合のよいように解釈する（BBC NEWS Japan「自らをピョートル大帝になぞらえるプーチン氏、その思惑は？」2022年6月11日、サラ・レインズフォード東欧特派員）。

エカテリーナ2世による治政

1725年にピョートル大帝が死去した後は、帝位をめぐる権力闘争によって政治の混乱が続き、約40年もの間、凡庸なツァーリが支配し、国力も衰退した。

ところが、1762年に優れた才能を持つ女帝エカテリーナ2世が統治を始めると、ロシアは再び発展への軌道に乗るのである。

彼女はドイツ人で、ロマノフ王家に嫁いできたのであるが、プロイセンのフリードリヒ2世やオーストリアのヨーゼフ2世とともに啓蒙専制君主とされている。

国内では農奴制を強化し、貴族の特権を保護したため、農民の不満は高まり、1773年9月にはドン・コサック出身のプガチョフが農奴解放を訴えてヴォルガ川流域で反乱を起こす。プガチョフの乱である。しかし、彼女はこれを力でねじ伏せ、1年後には反乱は完全に鎮圧された。

その後も、農民への締め付けがさらに強化され、貴族の特権が強まった。またプガチョフの乱の反省から、地方行政の改革を断行し、貴族に主導権を握らせて、地方の安定化に努めるのである。

対外的には、ポーランドを分割して領土を拡大させたり（第一次分割1772年、第二次分割1793年、第三次分割1795年）、タタール人の支配するクリミア・ハン国を併合（1783年4月）

したりした。なお、エカテリーナ2世の治政時代の1789年7月にフランス革命が起こり、ヨーロッパ諸国を震撼させた。

エカテリーナ2世は1796年11月に死去した。34年に及ぶ治政であった。

その後は、パーベル1世（1796～1801年）、アレクサンドル1世（1801～1825年）、ニコライ1世（1825～1855年）、アレクサンドル2世（1855～1881年）、アレクサンドル3世（1881～1894年）と皇位は継続される。

フランス革命後、ナポレオンが政権を掌握し、ヨーロッパ大陸に覇を唱え、1812年にはロシアに進軍した。これを迎え撃って勝ったのがアレクサンドル1世で、ナポレオンの軍隊は、最後はロシアの極寒（冬将軍）に敗れてしまった。約130年後にはヒトラーが同じ過ちを犯すのである。

ロマノフ王朝のツァーリの中でプーチンが尊敬するのは、ピョートル大帝とエカテリーナ2世である。

ロシア社会の不満の高まり

1825年12月13日にニコライ1世が即位するが、翌日の14日、統治体制の改革、農奴制の廃止などをうたう貴族の将校たちが決起した。これはデカブリストの乱と呼ばれるが、ロシアの政治や社会に対する不満が民衆の間に拡大していたことを意味する。
ロシア経済はニコライ1世の治政下で発展し、1837年にはロシア初の鉄道が開通した。
しかし、農村での封建的状況は変わらず、農奴解放を求める農民の騒動が増えていった。
1853年7月にはクリミア戦争が始まるが、ロシア軍は英仏等の連合軍に敗れ、1856年3月にパリ条約が締結された。

1855年2月に即位したアレクサンドル2世は、1861年2月19日に農奴解放令に署名する。アレクサンドル2世は、司法制度や軍制などの行政改革にも取り組んだが、特筆に値するのは、各地の選挙で選ばれた代議員からなる「ゼムストヴォ」が設置されたことである。これは徴税権を持つ地方自治機関である。

1881年3月1日に、アレクサンドル2世は過激派に暗殺される。そこで後継のアレクサンドル3世は、治安維持法を発布したり、検閲を強化したりして、テロ対策に全力を挙げた。しかし、1887年2月にはアレクサンドル3世暗殺未遂事件が起きた。その首謀者の一人として処刑されたのが、後のロシア革命のリーダーとなるウラジーミル・レーニンの兄アレクサンドルである。

農奴解放後も農民の生活は苦しいままで、貧民としてモスクワなどの大都会に出て、物乞い稼業をしたり、低賃金の雑役に携わったりした。また、土地の一部を失った貴族の中で没落していく者も多く出現した。チェーホフの『桜の園』（1903年）は、借金が重なり、大邸宅を手放さざるをえなくなった貴族の物語である。

アレクサンドル3世治政下でもロシアの工業化は進み、中央アジアなど周辺地域へロシア帝国の版図が広がっていった。そして1891年にはシベリア横断鉄道の建設が開始される。

アレクサンドル3世は、1894年10月に死去し、ニコライ2世が即位する。彼は皇太子時代の1890年に中東・アジアへ見聞を広めるための長期旅行に出るが、1891年4月には日本を訪問し、5月に巡査に襲われ負傷する。これが大津事件であるが、この事件の影響で、皇太子は日本に対して嫌悪感を抱き、日本人を野蛮人とし、「猿」扱いするようになった（参考文献⑰、75p）。

ニコライ2世は、即位すると直ぐに専制君主制を堅持していくことを強調して、政治改革には背を向けてしまう。経済の舵取りは、大蔵大臣セルゲイ・ヴィッテが行い、工業化はさらに進む。しかし、工業化のための資金は農民への課税強化、穀物輸出によって捻出されたのである。

農民を犠牲にして工業化、軍備拡張を行うという方針は、その後も継続され、スターリン時代には穀物を取り上げられた農民が大量に餓死するという悲劇が繰り返されている。そのスターリンの政策を評価しているのがプーチンなのである。

日露戦争、そして国会の開設

1904年初めに日露戦争が勃発する。戦争中の1905年1月9日の日曜日には、10万人もの労働者が妻子とともに、生活の窮状を直接ツァーリに訴えようとして、冬宮に向かった。これに軍隊が発砲し、1000人以上が死亡した。広場の雪が血で染まるという「血の日曜日事件」である。

5月には日本海海戦でバルチック艦隊が壊滅させられた。6月には、ロシア黒海艦隊の戦艦ポチョムキンの水兵が反乱を起こした。9月にはポーツマス講和条約が締結される。

ツァーリは、反体制派を懐柔するために、10月17日、言論、結社、信教の自由を保障し、翌1906年4月27日にドゥーマ（国会）が開設される。日本で初めて帝国議会が開会されたのが1890（明治23）年であるから、日本より16年も遅い。

国会の開設という時代の流れの中で台頭してくる政治家がピョートル・ストルイピンである。彼はサンクトペテルブルク大学卒業後に内務官僚となり、サラトフ県知事などを歴任後、1906年4月に内務大臣となる。

日露戦争講和で活躍したヴィッテが1905年10月に首相になり、憲法制定にも力を注ぐが、

図2-1　ヨーロッパ列強の人口

	オーストリア=ハンガリー	フランス	ドイツ	イギリス	イタリア	ロシア
1870年	36	36	40	31	27	82
1880年	37	37	43	35	28	93
1890年	41	38	49	38	30	110
1900年	45	39	56	41	32	133
1910年	49	39	64	45	35	163
1914年	52	39	65	45	37	171

植民地を除く。単位：百万人。

出典：Quincy Wright. A Study of war(1942)

翌年の5月に辞任する。その後継には内務官僚のイワン・ゴレムイキンが就任するが、短命に終わり、7月にはストルイピンが首相に就任する。

彼は反体制派を徹底的に弾圧し、多くのテロリストを処刑したため、絞首台の綱が「ストルイピンのネクタイ」と呼ばれたくらいである。首相就任1カ月以内に約700人を絞首台に送ったという。

しかし、他方では、テロの根源にあるロシア社会の諸問題の解決に奔走し、とりわけ農業の改革に全力をあげた。その結果、ロシアの穀物生産は飛躍的に伸び、生産・輸出とも世界一になったのである。また、石油や鉄鋼の生産も増え、工業生産も急増した。この時期の経済発展には瞠目すべきものがあり、海外からの投資を呼び寄せることにも繋がった。

さらに、他の欧州列強に比べて、この時期のロシアの人口増加率は極めて高かった。

ストルイピンの死

ストルイピンは、まずは強権的な弾圧によって反体制運動を抑えた。その上で、言論や集会などの自由拡大、ゼムストヴォ（徴税権を持つ地方自治機関）の権限拡大、行政改革など広範囲に改革の網を広げ、国民の不満解消を図った。教育制度も拡充したため、識字率も急激に上がったのである。

ストルイピンは、1911年9月1日、キエフで観劇中に銃撃され、4日後に死亡した。ストルイピンはヴィッテとともに帝政ロシアの最も優れた政治家であり、帝政下で立憲民主主義を確立しようとしたが、その希望は叶えられなかった。ロシアでは、それ以降も暗殺やテロが政治の常套手段となっていくのである。

ところで、第二次世界大戦中、また戦後にソ連に抑留された日本人は、「ストルイピン」という言葉に嫌悪感を持つだろう。日本人に対するソ連の非人道的な対応が、「ストルイピン」と称される囚人護送車に象徴されているからである。便所にも行かせてもらえず、家畜を運搬するような劣悪な車両であった。それを考案したのがストルイピンで、そのために、この車両は「ストルイピン」と呼ばれたのである。

シベリア鉄道が開通したのが1904年で、その2年後に首相に就任したストルイピンは、過激派や政治犯をシベリアに送るために、囚人護送車を考案したのである（参考文献㉙、61p）。

プーチンとストルイピン

プーチン大統領は、ストルイピンを偉大な政治家として高く評価している。反体制派の動きが活発化する中で、ストルイピンが革命を阻止して国家の統一を保ったことにプーチンは注目するのである。そして、危機の時代に偉大なロシアを発展させた指導者としてストルイピンを位置づけ、1990年代の危機からロシアを救った自分とオーバーラップさせている。ロシア帝国の崩壊を阻止した点が共通点だと言うのである。

フィオナ・ヒルとクリフォード・G・ガディが『プーチンの世界』で言うように、「プーチンはピョートル・ストルイピンのような過去数世紀に活躍した国家主義者たちと自分を重ね合わせ、自らをロシア史の主役へと変身させた」のである。

たとえば、ストルイピンは新生のドゥーマに、政府と協力して帝政を支える役割を期待した。これは、イギリス式の立憲君主制ともモンテスキュー流の三権分立の考え方とも異なるが、プーチンもストルイピンの流儀を継承するのである。つまり、現代の皇帝、プーチンにとって、現代のドゥーマは大統領を支えるのが仕事だと喝破する。

1907年にストルイピンは、国会議員に対して、「諸君に必要なのは偉大なる変革だが、われわれに必要なのは偉大なるロシアだ」と批判したが、これもプーチンのお気に入りの文句である。2011年に、このフレーズを真似て、プーチンは「われわれに必要なのは偉大なる変革ではない。偉大なるロシアだ」と述べている。

1907年に、外国人記者のインタビューに答えて、ストルイピンは「国家に20年の内外の平静が与えられれば、改革事業が完成し、ロシアは見違える姿に変わるだろう」と語ったが、これもプーチンの好きな言葉である。プーチンは、「私に20年間を与えてくれれば、ロシアは見違える姿に変わるだろう」と自分に都合の良いように変更して引用するのである（参考文献③、96〜100p）。

2023年2月21日、プーチンは、ウクライナ侵攻後、初めて年次教書演説を行ったが、その中で、次のようにストルイピンを引用している。

まさにロシアの民こそ、この国の主権の基礎であり、権力の源泉である。我が国民の権利と自由は不変だ。それらは憲法で保証されており、外からの挑戦や脅威があろうとも我々はこれを渡さない。

私はあなた方のこのような責任感のある、毅然とした姿勢に感謝するとともに、愛国者で政治家だったピョートル・アルカディエヴィチ・ストルイピンの言葉を思いおこしたい。その言葉とは100年以上も前にストルイピンが国会（ドゥーマ）で語ったものだが、今の時代にまさにぴったり即している。ストルイピンはこう言った。「ロシアを守るためには、我々は歴史的な最高の権利を守るために、皆が力を合わせ、自らの尽力、自らの義務、自らの権利とを調整しなければならない。その権利とはすなわち、ロシアが強国である権利である」（「Sputnik 日本」より）

プーチンにとっては、「ロシアが強国である」ことが絶対に必要なのである。

第3章　ソ連邦とスターリンの遺産

本章では、１９１７年のロシア革命からソ連邦の解体までの歴史を振り返るが、詳細は拙著『スターリンの正体』に譲る。ここでは、プーチンを理解するために必要な最小限の記述にとどめる。

第一次世界大戦の勃発とロシア革命

１９１４年7月28日、第一次世界大戦が勃発する。同盟を結んでいたオーストリア・ハンガリー帝国とドイツに対し、ロシアはフランス、イギリスとともに三国協商を形成して対抗し、世界大戦となった。

ロシアはドイツ軍の攻勢の前に苦戦し、１９１５年春にはポーランドを失い、１９１６年の秋までに５００万人に及ぶ戦死者を出すという惨めな状況に陥ったのである。そのため厭戦気分が広がり、ロシア国内では食料や燃料などの生活物資が不足し、各地でストライキやデモが発生した。

１９１７年、「国際女性デー」の2月23日（グレゴリウス暦3月8日）に発生した大規模なデモは、2月革命に発展し、ニコライ2世は退位して、約３００年続いたロマノフ王朝は崩壊した。

しかし、革命によって成立した臨時政府は安定した政治を行うことに失敗し、10月には、レーニンの指導の下、ボリシェヴィキ政権が樹立された（10月革命）。

政権をとったレーニンは、「平和についての布告」を発し、無賠償・無併合とともに、民族自決を原則とした即時講和を提唱している。これに対抗して、1918年1月、アメリカのウッドロー・ウィルソン大統領も、第一次世界大戦後の国際社会について「14カ条の原則」を発表し、無賠償・無併合による講和、秘密外交の禁止などとともに、民族自決の原則を取り入れたのである。

多民族国家ロシアで、各民族が民族自決の主張を強めれば、国家の統一性が保てなくなる。ソ連邦の崩壊、またその後もチェチェン紛争などの危機を経験したプーチンは、2012年1月、『ネザヴィシマヤ・ガゼータ』紙の特集記事「ロシア――国家的な問題」の中で、次のようにレーニンやウィルソンを批判する。

〝民族主義的〟なロシア国家、つまり単一民族のロシア国家という考え方を説こうとするのは、われわれの1000年の歴史と矛盾する。それどころか、ロシア国民や国家の崩壊、ひいては地球上のすべての主権国家の崩壊に直結する考え方である。（中略）ウラジーミル・レーニンからウッドロウ・ウィルソンまで、権力や地政学的優位性を追い求めるあらゆる政治家たちが、悪名高い「民族自決」というスローガンのもとに戦ってきた。しかし、ロシアの人々はとっくの昔に進むべき道を決めている。ロシア文化を中心とする多民族社

会を築くという道だ。（参考文献③、125〜126p）

この発言を見ても、プーチンが多民族国家ロシアの一体性を保つことを最重要視していることがよく分かる。

ブレスト＝リトフスク条約

戦争を一刻も早く終わらせたいレーニンは、ドイツと交渉し、1918年3月にブレスト＝リトフスクで講和条約を結んだ。ロシアにとって、フィンランド、ポーランド、バルト三国、ウクライナなどを失う、極めて不利で苛酷な取極めであった。ロシアは、人口の26％、耕地の27％、穀物生産の32％、鉄道の26％、製造業の33％、鉄工業・炭鉱の73〜75％を失ったのである（参考文献㉔、325〜326p）。

1989年11月にベルリンの壁が崩壊し、1991年12月にはソ連邦が解体し、巨大な帝国が崩壊してしまった。プーチンは、その状況をレーニンがブレスト＝リトフスク条約を結んだときと二重写しにして考えるのである。

レーニンは、一刻も早く戦争を終わらせることが革命によって生まれた新体制を守ることになるという考えの下、屈辱的な講和を受け入れた。その後、スターリンの指導の下、ソ連が第二次世界大戦に勝つと、領土を拡大し、東欧諸国を衛星国として支配下に置いたのである。

プーチンにとっては、ソ連邦の解体後のＮＡＴＯの東方拡大は、ロシアの弱みにつけ込んだ「21世紀のブレスト＝リトフスク条約」である。そして、スターリンが失われた領土を回復したように、自らも同じ責任を担っているという使命感に燃えているのである。

プーチンは、２００８年夏にはグルジア（現・ジョージア）に侵攻し、２０１４年にはクリミアを併合した。その年の8月14日、プーチンは、ヤルタでロシア連邦議会国家院（下院）の代表者に対して演説し、「われわれはロシアの名のもとに、ロシアのために、必死で働かなければいけないのだ」と述べている（参考文献③、４５０ｐ）。

ヤルタは、第二次世界大戦後の世界分割などについて米英ソの指導者が会談した場所であり、スターリンがソ連の領土と影響力を拡大するのに成功した土地である。ソ連邦崩壊の瓦礫から立ち上がるという自らに課された歴史的使命を、高らかにうたい上げたのである。

ボリシェヴィキ政権の苦闘

屈辱的な講和条約を結んだボリシェヴィキ政権に対して、ロシア国内で左右両派から批判が高まり、１９１８年5月頃には武装蜂起する勢力も出てきて、赤軍と白軍（赤軍に対する反革命側の軍隊）による激しい戦闘が各地で繰り広げられた。

内戦は1920年末にはほぼ終了するが、1914〜22年の間にロシアで負傷、飢餓、疾病で死去した1600万人の半分の800万人は、3年に及ぶ内戦の犠牲者である。

粛清・弾圧・流血が日常茶飯事となった革命と内戦は、「タタールの軛」以来のロシア史にさらに残酷な1章を加えたのであり、ロシア人の思想と行動に大きな影響を与えることになった。プーチンもまた、その例外ではない。


内戦は終わらせたものの、ボリシェヴィキ政権の経済運営は失敗し、人々は困窮の極みにあった。3年に及ぶ内戦によって、第一次世界大戦前に比べると、農業生産は約4割、鉱工業生産は約2割に減少した。

そこで、レーニンは、本来の社会主義の原則とは矛盾するが、余剰穀物を農民が自由に処分できる現物税制の導入を決めたのである。このNEP（新経済政策）が成功して、ロシア経済は次第に回復していく。

プーチンは、レーニンのこの政策転換をどう評価するのだろうか。2012年4月、首相としての最後の議会演説で、次のように述べている。

ウラジーミル・イリイチ・レーニンは市場経済を部分的に導入した。（共産主義の生みの親である）彼自身がそうしたのだ。したがって（中略）市場経済のすべてが悪であるという主張は間違いだ。共産党さえもが、計画経済のいくつかの要素が機能しなくなると、市場経済の要素を導入したのだから。こうした市場経済の手段をすべて再び闇に葬ったのは、その後のヨシフ・ヴィッサリオノヴィチ・スターリンなのだ。

プーチンは、「常に現実的であり、政策やイデオロギーに対して何の既得権益も持たない」のであり、「ありのままの事実や経験的証拠に基づき、私有財産、民間企業、自由市場のほうが優れていると認めることができた」ようである（参考文献③、164p）。特定の政策やイデオロギーに固執しないという点では、フランス革命を生き抜いたジョゼフ・フーシェによく似ている。

政府が変わり、政体が変わり、主義が変わり、人が変わり、世紀転換期の荒れ狂うこの旋風のなかで、いっさいのものが倒壊し影を消したが、ただ一人だけあい変わらず同じ地位にとどまって、あらゆるものに仕えあらゆる主義に従っていた者がある、ジョゼフ・フーシェその人である。（参考文献⑭、209p）

このツヴァイクの観察通りの変節漢、カメレオン、常に権力の座にいる人物であるフーシェは、共産主義者にも皇帝の臣下にもなる。その力の源泉は情報収集能力であった。

プーチンは、フーシェによく似ている。ソ連邦という共産主義体制の下で育まれ、情報収集を生業《なりわい》とするKGBに勤めたプーチンは、皇帝の臣下どころか、自らが「現代のツァーリ」にまで昇りつめたのである。

レーニンは、ロシア正教会を弾圧した。1922年3月に教会と民衆が政権に抵抗し流血の惨事が起こると、レーニンは教会財宝の没収を断行した。略奪した宝石や貴金属は、アメリカやドイツからトラクターなどの農機具を購入するために使ったのである。

そして、聖職者を銃殺した。日本にも関連する例をあげよう。ロシア正教の布教のために1898年に日本に来て、その後、1906年に京都ハリストス正教会の初代主教となったアンドロニク（ウラジーミル・ニコリスキー）である。

1918年6月20日、ペルミで大主教のアンドロニクはチェーカーによって逮捕された。そして自ら掘らされた穴に生き埋めにされ、銃殺された。ロシア革命は、このようなおぞましい血塗られた汚点に溢れており、ボリシェヴィキによる蛮行が各地で繰り返されたのである。内戦のときに、ロシア正教会が白軍を支援したことをレーニンは恨み、またマルクス主義の無神論を信奉しているため、正教会を頭から否定した。

このようなボリシェヴィキの行動を、プーチンは厳しく批判する。ロシア正教がロシア民族主義の高揚に貢献し、ロシアの統一の大きな原動力となることを確信しているからである。モスクワ総主教キリル1世は、2022年のウクライナへの軍事侵攻を支持している。プーチンにとっては、ロシア正教は円滑な統治に大いに役立つ道具なのである。

権力闘争

1924年1月に死去したレーニンの後を継いだのはスターリンである。彼は、党内の反対派を粛清するためにチェーカーを重用した。

この党内ライバルを追い詰めるために国家保安機関を使うという手法は、これまでのボリシエヴィキ政権ではなかったものである。敵は党外にいるはずなのに、スターリンは党内にも敵がいるとして、ライバルを追放するのである。このスターリンの手法は、その後のソ連、ロシア、そして今日のプーチンにまで引き継がれていく。

ロシア経済は、NEPのおかげで一時は最悪の事態を脱したが、1927年にはまた酷い状況となったため、スターリンは同年12月の第15回共産党大会で、経済発展5カ年計画を策定するように指示した。

先に引用したが、「市場経済の手段をすべて再び闇に葬ったのは、その後のヨシフ・ヴィッサリオノヴィチ・スターリンなのだ」というプーチンの評価は、間違っていない。

プーチンは、１９８０年代のソ連邦の混乱が共産主義経済、計画経済の失敗によってもたらされたものであることを認識していた。彼は、１９８５年から１９９０年まで、東ドイツのドレスデンにＫＧＢ職員として駐在しており、不調な東ドイツの計画経済と好調な西ドイツの自由な市場経済とを比較してみる機会を得ている。そして、ロシアが生き残るには市場経済を採用するしかないという確信を持った。したがって、プーチンは、ＮＥＰを廃して計画経済に逆戻りしたスターリンの政策を厳しく批判するのである。

しかし、スターリンの全ての経済政策を否定するわけではなく、評価する側面もある。それは、ロシアの生き残り戦略として備蓄を増やしたことであり、プーチンもまたその政策を踏襲している。

ロシア人は、豊かになった今でも食料、おカネなどの備えに万全の策を講ずる。ほとんどの家族は、郊外にダーチャを持つ。「別荘」と訳されるが豪華なものではなく、私もロシアの友人に招かれたことがあるが、簡素な建物であった。毎週末に通って家庭菜園を作って、食料を補う。収穫したジャガイモなどを備蓄し、果実酒を作り、万が一に備えるのである。ソ連邦の

ダーチャで野菜を収穫する著者。(本人提供)

時代に、そのおかげで多くの人の命が救われたし、国家の財政負担も減らすことができた。

共産主義下の集団農場、コルホーズやソホーズでは生産物は自分のものにはならないが、ダーチャの作物は私有であるため、手のかけ方が違い、たとえばジャガイモの大きさは、後者が前者の2倍という感じであった。

このジャガイモの話は、計画経済とNEP、共産主義経済と自由主義経済との違いを象徴する話であり、プーチンもまたそのことをしっかりと認識している。

2003年6月20日の内外メディアとの記者会見で、プーチンは、「この国で栽培されるジャガイモの90％がそういった小さな家庭菜園で育てられている。90％だ！　さらに、野菜の80％、果物の60％が家庭菜園で栽培されたものだ」と述べたのである（参考文献③、脚注、第5章の3）。

備蓄の発想は、何度も飢餓に苦しめられ、また第二次世界大戦時代の食料不足で生死の境をさまよった経験を蓄積したロシア人の生活の知恵となっているが、国家としての備蓄に力を入れたのがスターリンである。スターリンは国家備蓄体制を整えていき、第二次世界大戦を乗り切った。

プーチンもまた、経済発展省の中に連邦国家備蓄局を置き、戦略的備蓄を充実させた。また財務の面でも、外貨準備高を増やしていった。2000年1月に外貨準備高は85億ドル、対外債務は1330億ドルだったのが、2007年末には、対外債務は370億ドルにまで減少した。そして外貨準備高は2008年半ばには6000億ドルを超えたのである。

スターリンは、個人独裁を確立するために、自分に反対する可能性のある仲間を逮捕し、反対派を粛清した。この大粛清、大テロルは、1938年12月に終わり、スターリンの敵は一人残らず処刑されたのである。

スターリンのライバルであるトロツキーは、1940年8月21日に、亡命先のメキシコでスターリンの刺客に暗殺された。正確な数字は不明だが、約1000万人がスターリン体制下で処刑されたと言われている。

プーチンもまた、自分に反対する者は仮借なく弾圧する手法を採用している。

「第五列」

1936年7月、スペインで左翼の人民戦線内閣に反発するフランコ将軍がクーデターを起こし、内戦となった。ソ連は前者、独伊は後者を支援する。

モロッコで最初に反政府クーデターの挙兵をしたエミリオ・モラ将軍は、4個師団を率いて人民戦線政権が支配する首都マドリードに進軍して、ラジオ放送で「市内には我々に呼応する5番目の部隊がいる」と語ったのである。それ以降、敵陣にあってスパイ活動、裏切り行為、敵側への内通などを行う「5番目の部隊」のことを「第五列」と呼ぶようになった。

スターリンは、この「第五列」という言葉の虜になる。スターリンは、ソ連内部の敵のことを「第五列」と呼び、秘密警察を駆使した弾圧は「第五列」との戦いであるとして、この言葉を広く流布させたのである。

プーチンもまた、スターリンの「遺産」であるこの「第五列」という言葉をよく使う。たとえば、2014年3月18日、ロシアがクリミアを併合した日に、プーチンは次のように語っている。

西側の政治家のなかには、［クリミア編入に対する］制裁措置以外にも、ロシア国内の問題への干渉の強化をちらつかせて、われわれを脅そうとする者もいる。私としては、彼らの意図を知りたい。なぜ第五列のような行動、つまり国家の裏切り者の行為を助長しようとするのか？　あるいは彼らは、ロシアの社会経済的な状況を悪化させることができると考えているのだろうか？　こうすることによって、人々の不満を駆り立てることができるとでも？　われわれとしては、西側によるこの種の発言のすべてを、無責任かつ明らかな攻撃だとみなし、相応の対応を取ることになるだろう。（参考文献③、脚注、第11章の5）

元ＫＧＢ職員のプーチンは、「第五列」、つまり国内にいる敵、裏切り者に対して厳しく弾圧する姿勢をスターリンから引き継いでいる。そして、そのような「第五列」を送り込んでいるのは西側諸国であり、ロシアの内紛を煽り、ロシアを弱体化させようとしているという認識なのである。

1939年8月23日、世界を驚愕させた独ソ不可侵条約が締結され、約1週間後の9月1日にドイツ軍はポーランドに侵攻した。9月3日には英仏がドイツに宣戦布告して第二次世界大戦が始まった。9月17日にスターリンは赤軍にポーランド侵攻を命じ、西部ベラルーシと西部ウクライナを占領した。9月28日にはエストニア、10月5日にはラトビア、10月10日にはリトアニアを屈服させた。

次にスターリンは、11月30日にフィンランドに侵攻し、「冬戦争」が始まるが、フィンランドは激しく抵抗し、国際連盟は、ソ連軍の侵攻を国際法違反と判断し、12月14日にソ連を除名する。

1940年3月12日、フィンランドは、カレリアなど領土の約10%を割譲することで講和したが、独立は保ったのである。

スターリンは、革命と内戦で失われた領土を取り戻し、「ロシア帝国の復活」を成し遂げたと豪語したのである。

「母なる祖国」「大祖国戦争」

ドイツ軍は、独ソ不可侵条約を破棄して、1941年6月22日未明、ソ連に侵攻を開始した。独ソ戦である。

全く準備をしていなかった赤軍は、初戦で壊滅的な敗北を喫した。

初戦の敗退を受けて、スターリンは、1941年7月に軍事コミッサール制を復活させ、党の代表による部隊の監視を実行する。さらに、8月16日には「捕虜になることを犯罪とする」最高司令官命令を発令した。NKVDは、兵士が前線から後退したり、脱走したりするのを阻止するために「特務部」を設置し、戦闘から離脱する将兵を逮捕し、処刑した。この特務部は、開戦から10月10日までの3カ月半に、2万6000人の将兵を逮捕し、1万人以上を射殺した。

このように、スターリンは、処刑という恐怖や威嚇によって将兵に戦闘を継続させたのである。

スターリンの「恐怖による支配」も功を奏せず、9月中旬にはキエフがドイツ軍に包囲され、45万人余りのソ連軍は全滅した。また、レニングラードはドイツ軍に包囲され、9月末にはドイツ軍によって封鎖される。

プーチンは、スターリンが創設したNKVDの特務部と同じような部隊を整備し、ウクライナ戦争のために使っている。英紙デイリー・メールによれば、2022年11月4日、プーチンは、ウクライナの戦場から逃亡するロシア兵士を銃撃するための督戦隊の配備を開始したという。

因みに、プーチンの父、ウラジーミル・スピリドノヴィチ・プーチンは、第二次世界大戦中、NKVDの破壊工作部隊に所属し、エストニアなどナチスの占領地に送られている。そして、ナチスによるレニングラード包囲戦の間に、父親は戦闘で重傷を負い、退院後もプーチン一家はレニングラードにとどまった。この包囲の間に70万～150万人の住民が死んだ。プーチンの兄も5歳のときに、疎開先でジフテリアにかかり死亡している。

このプーチン一家の歴史が、国家を守るために外敵と常に戦ってきたロシアの歴史と重なるのである。また、戦時中NKVDの破壊工作部隊に父親が所属していたことは、その後継組織であるKGBを就職先に選んだプーチンの決断におそらく影響を及ぼしたであろう。

「母なる祖国が呼んでいる」のスローガンが掲げられた兵士募集のポスター。

ロシアが戦争によって劣勢に立たされた状況を打開するためには、国民が団結して敵と戦うようにナショナリズムを高揚させる必要がある。そうしたプロパガンダを遂行するためにスターリンが打ち出したのが、「母なる祖国」というスローガンである。ポスターの標語に、この言葉が大書された。多民族国家ソ連の分裂を避け、国民を戦争に動員するための優れたシンボル操作である。

そして、独ソ戦の開始後、スターリンはこの戦争を「大祖国戦争」と呼ぶようにした。1812年6月~12月、ナポレオンのモスクワ遠征を撃退した戦争が「祖国戦争」と呼称されることにちなんだものである。

ソ連の政治ポスターを研究したヴィクトリア・E・ボンネルによると、第二次世界大戦中は、プロレタリアートというスローガンではなく、「スターリン」と「祖国」という2つの言葉がポスターで重用された（参考文献㉛、255~256p）。とくに、後者は愛国主義に訴えるものであり、「母なる祖国（Rodina-mat）」という言葉で象徴されている。

91ページに掲載した兵士募集の有名なポスターには「母なる祖国が呼んでいる（あなたを必要としている）」と書かれ、女性（母）が右手に「兵士の宣誓書」を持ち、左手を背景の銃剣のように高く上げている。

ヴォルゴグラード（旧・スターリングラード）のママエフの丘には、スターリングラード攻防戦を記念して、高さ85メートルの巨大な「母なる祖国像」が建てられている。「母なる祖国」や「大祖国戦争」こそ、プーチンがスターリンと同様に操作するシンボルであり、大統領就任以来、チェチェンに始まり、2022年のウクライナ侵攻に至るまで、プーチンは自らの「大祖国戦争」を戦っているのである。

さて、独ソ戦に戻ると、ドイツ軍は、1942年夏、スターリングラードを攻撃した。この事態に直面して、スターリンは、7月28日、「国防人民委員令227号」を発し、「一歩たりとも退くな」と命令し、戦闘陣地から退却した部隊の司令官を逮捕し、処罰するように指示する。またも「恐怖による支配」である。

赤軍は、11月19日に反転攻勢に出て、ドイツ軍を1943年の2月2日に降伏させた。ドイツ軍を駆逐しながら西へ向かう赤軍は、1945年の1月~2月には、ポーランドのヴィスワ川からドイツ国境のオーデル川までの500キロを進軍する。

4月30日、ヒトラーは総統地下壕で自殺し、赤軍は4月30日には国会議事堂を陥落させ、5月7日にドイツ軍は降伏した。

8月15日には、日本軍が無条件降伏し、第二次世界大戦が終わった。

米ソ冷戦の開始

軍人と民間人、合計2700万人という犠牲の上に第二次世界大戦に勝利したソ連は、失われた領土を回復したのみならず、新たな領土も加え、強大なロシア帝国を復活させた。さらに、東欧諸国を衛星国として支配する体制を構築したのである。

ソ連の攻勢に危機感を抱いたハリー・S・トルーマンは、1947年3月、全世界的規模で共産主義陣営を「封じ込める政策(コンテインメント)」、いわゆる「トルーマン・ドクトリン」

を掲げ、6月には国務長官ジョージ・C・マーシャルが「ヨーロッパ復興計画（ERP）」、いわゆるマーシャル・プランを発表した。

これに対抗して、スターリンは、9月にコミンフォルム（共産党・労働者党情報局）を結成した。そして、1949年1月にソ連版の経済協力機関であるコメコン（COMECON、経済相互援助会議）を発足させた。


アジアでは、毛沢東の共産党が1949年10月1日に中華人民共和国を樹立した。

朝鮮半島では、日本の敗北後、1945年9月に金日成《キムイルソン》が現在の北朝鮮にソ連から帰国し、1946年2月に臨時政府のトップに就いた。朝鮮半島の南では、アメリカに亡命していた李《イ》承晩《スンマン》が帰国し、1947年3月に大韓民国臨時政府を樹立した。

武力統一を狙う金日成は、1950年6月25日、北緯38度線を越え、韓国に侵攻し、一気に釜山にまで到達する勢いで進軍した。

6月27日、国連安全保障理事会はソ連欠席のまま緊急会議を開き、北朝鮮を侵略者と認定して非難した。軍事行動の停止と撤退を求める決議を採択し、アメリカを中心に、イギリス、フランス、オランダなど22カ国からなる国連軍が派遣された。

一方、10月19日、毛沢東は中国人民義勇軍を参戦させ、鴨緑江《おうりょくこう》を越えて反撃に出た。戦局は、翌年春頃には、38度線付近で膠着状態となった。

トルーマン大統領は、原爆の使用を提言したダグラス・マッカーサーを1951年4月に解任し、休戦交渉を開始する。その結果、1953年7月27日、休戦協定が調印された。

ロシアは、朝鮮戦争型の休戦方式を提案するか

ロシアは、2022年2月にウクライナに侵攻したが、ウクライナのメディアが2023年1月8日に伝えたところによると、ウクライナのダニロフ国家安全保障・国防会議書記は、ロシアが朝鮮戦争の休戦協定のようなものを提案してくる可能性があると述べたという。

要するにこれは、東部のドネツク、ルハンシク、南部のヘルソン、ザポリージャの計4州については、プーチンはロシア領と宣言しており、残りの領土をウクライナ領とする分割案である。もちろん2014年に併合したクリミアはロシア領のままである。これは、朝鮮半島が38度線で分断されて、北朝鮮と韓国という2つの国家が対峙している状況を念頭に置いている。

このダニロフの発言に対して、ロシアのペスコフ大統領報道官は、1月9日に、ダニロフのいう朝鮮半島方式の停戦提案はデマだと否定した。

「朝鮮半島型の停戦」は可能なのか。

朝鮮半島方式の停戦というが、2つの戦争は大きく違う。

第一に、ソ連の承認の下、北朝鮮が半島統一を目指して南に侵攻したのと、ロシア自らがウクライナに侵攻したのとは違う。朝鮮戦争のときには、韓国とともに米軍を中心とする国連軍が戦っている。また、途中から中国が北朝鮮側に参戦している。

NATOは武器支援はするが、自らは参戦しない。戦争の参加者の構成がそもそも違う。

第二に、朝鮮戦争の場合、1950年6月に始まり、1953年7月に休戦に至るまで3年間も戦闘を続け、38度線で膠着状態となったが、ウクライナは西側からの支援が続く限り、戦い続けることができる。国民の士気も盛んである。ロシアにしても、劣勢に立たされているとはいえ、継戦能力はまだ維持している。それに核兵器も保有している。

第三に、核の選択については、朝鮮戦争の場合、トルーマン大統領が、マッカーサーを解任することによって阻止した。ウクライナ戦争では、クリミア奪回まで戦うというゼレンスキーを誰かが解任、あるいは翻意させることができるのであろうか。

朝鮮戦争の場合、1953年に国連主導の休戦提案が出ると、韓国の李承晩大統領は、「停戦反対、北進統一」を唱え、休戦に反対した。その結果、国連軍や米軍と対立したため、李大統領は孤立してしまった。こうして休戦を受け入れざるをえなくなったのである。

休戦協定は、韓国政府代表が署名しないまま、国連軍の代表、朝鮮人民軍と中国人民志願軍の代表が署名して成立した。

一方、今のロシアでは、プーチンを解任できる権力がない。ロシア兵の犠牲がさらに増え、国民の不満が爆発するまでにはまだ時間がかかるであろう。アフガニスタンにソ連軍が侵攻したときには、撤兵まで10年間が必要だった。

第四に、指導者の交代である。朝鮮戦争停戦のきっかけとなったのは、トルーマン政権からアイゼンハウアー政権への交代、それにスターリンの死である。プーチンもゼレンスキーも健康状態は不明だし、具体的な暗殺計画があるのかどうかも分からない。そのような不確定な情報を根拠に休戦の可能性を判断すべきではない。

以上の相違点を見ただけでも、朝鮮半島型の解決は難しいと言わざるをえない。

フルシチョフの時代

1953年3月5日、独裁者スターリンが死去した。その5カ月前の1952年10月7日に、プーチンは生まれている。粛清という暗い時代が幕を閉じようとする直前に、21世紀初のロシアの指導者がこの世に生を受けたのである。

スターリンの後任書記長（第1書記）兼首相にはゲオルギー・マレンコフが就いたが、フルシチョフが9月7日に第1書記に就任し、最高権力者となった。

1956年2月、第20回党大会が開かれ、フルシチョフは、秘密会において、「個人崇拝とその結果について」という報告を行い、スターリンを厳しく批判した。

ここで、フルシチョフとウクライナの関係を整理しておこう。彼は、クルスク県生まれのロシア人であるが、1938年から1949年までウクライナ共産党の第1書記を務めた。ウクライナ独立運動を徹底的に弾圧しており、ウクライナに特別な親近感を抱いていたわけではない。

第二次世界大戦中にスターリンは多くの民族を強制的に移住させたが、クリミアに住んでいたクリミア・タタール人もそうで、30万人がシベリアや中央アジアに追放されている。その結果、クリミア経済は崩壊し、新たに入植したロシア人は不慣れな環境に慨嘆したのである。

戦後の再建を図るに当たって、モスクワの指導部は、クリミア半島の管理をウクライナに任せる方が良いという判断を下した。実際、この半島は資源に恵まれず、水やガスなどはウクライナ本土から調達されていた。そこで、クリミアをウクライナに管理させることを決めたのである。1954年2月19日にフルシチョフは、ロシア共和国からウクライナ共和国への「友好の証」として、クリミアを移譲した。

ソ連は、1957年10月4日に世界初の人工衛星「スプートニク」の打ち上げに成功し、アメリカにショックを与えた。1959年にはフルシチョフが、ソ連の指導者として初めてアメリカを訪問し、アイゼンハウアー大統領と首脳会談を行い、雪解けムードを醸成した。しかし、1959年のキューバ革命で政権の座についたカストロを支持し、1962年にはソ連製のミサイルを持ち込んだことで、アメリカの反発を招き、核戦争の直前まで行くキューバ危機となった。

独断専行的なフルシチョフの政策運営は、党内や軍部に反対派を増やすことになり、またキューバ危機でソ連の威信を傷つけたことも批判され、1964年10月12日、フルシチョフは解任された。

10月14日には、レオニード・ブレジネフが第1書記に、アレクセイ・コスイギンが首相に就任した。

ブレジネフの時代

ブレジネフ政権の特色は、安定を重視する「安全運転」であった。そのため18年間も続く長期政権となったが、その間、官僚主義がはびこり、社会も経済も大きく停滞したのである。

外交では中国との対立が生じ、勢力圏である東欧諸国への締め付けは強化された。1968年6月にチェコスロバキアで「人間の顔をした社会主義」を掲げるドプチェク政権が民主化を進めようとしたが、この「プラハの春」を、ブレジネフは8月に戦車で潰したのである。ブレジネフは、「社会主義体制を守るために1国の主権が制限されることもある」という制限主権論（ブレジネフ・ドクトリン）を主張して、軍事介入の根拠としたのである。

1972年には、アメリカと戦略兵器制限交渉（SALTⅠ）で暫定協定を結ぶなど、デタント（緊張緩和）を演出した。また、1975年に全ヨーロッパ諸国（アルバニアを除く）とアメリカ、カナダの35カ国がヘルシンキに集まって、全欧安全保障協力会議（CSCE）が開かれ、欧州の現状維持、人権の尊重などがうたわれた。

一方、アフガニスタンでは1978年に内戦が起こり、1979年、ソ連軍が軍事侵攻した。そのため、アメリカや日本などは1980年のモスクワ五輪をボイコットした。

1982年11月にブレジネフが死去し、その後をユーリ・アンドロポフが継いだ。アンドロポフは1967年にKGB議長に就任し、1982年まで15年の長きにわたって、その地位にあった。プーチンが1975年にKGBに就職したときの議長がアンドロポフである。

KGB議長となったアンドロポフは、反体制派を徹底的に弾圧し、作家のアレクサンドル・ソルジェニーツィンを国外追放したり、物理学者で「ソ連水爆の父」と呼ばれるアンドレイ・サハロフをゴーリキーに流刑にしたりした。

しかし、アンドロポフは、停滞を続けるソ連には改革が必要だという認識を持っており、それはＫＧＢ改革をも含むものであった。そこで、ＫＧＢ以外の集団からも新しい若い血を入れることを実行したのである。プーチンもまた、そのような観点からＫＧＢが採用したのである。

プーチンは、そのような「改革者」アンドロポフを尊敬する。大統領代行に指名された後の２０００年1月に、ＫＧＢ本部の建物の内にアンドロポフ記念銘板を復活させたくらいである。

ブレジネフ政権末期の権力闘争で、アンドロポフは、アンドレイ・グロムイコ外相、ドミトリー・ウスチノフ国防相とともに、ライバルのコンスタンティン・チェルネンコと戦い、書記長に就任した。

政権に就くや、アンドロポフは汚職や腐敗を撲滅すべく綱紀粛正を図り、ミハイル・ゴルバチョフなどの若手を登用するなどの改革を始めた。ブレジネフ時代の停滞からの脱却を図ろうとしたのであり、その意思は後にゴルバチョフに引き継がれていくことになる。

しかし、持病の糖尿病が悪化するなどして病床から政務を行う羽目になり、１９８４年2月9日に死去した。わずか1年余りの政権であった。アンドロポフはゴルバチョフを後継にする考えであったが、病身で身動きがとれず、後任にはライバルのチェルネンコが就任した。しかし、72歳のこの老政治家は、本命が登場するまでのつなぎでしかなかった。

政権トップの座に就いたチェルネンコの健康状態は悪く、１９８５年3月10日に肺気腫により死去した。わずか1年1カ月の政権で、ブレジネフ、アンドロポフ、チェルネンコと続いた老人支配の時代が終わったのである。

ゴルバチョフ：「世直し」の始まり

1985年3月11日、チェルネンコの後を継いだのは、53歳と若いミハイル・ゴルバチョフであった。硬直化したソ連の社会主義体制を改革すべく、まずは人事の若返りを図り、グロムイコ外相に代えてグルジア共和国第1書記のエドゥアルド・シェワルナゼを登用した。首相もニコライ・チーホノフからニコライ・ルイシコフに交代させた。

そして、1986年2月には、ペレストロイカの旗を掲げたのである。その2カ月後の4月にチェルノブイリ原子力発電所で大事故が発生したが、最高権力者にも必要な情報が届かない秘密主義・官僚主義の弊害をゴルバチョフは痛感した。そこで、言論、報道の自由などを推進することにし、グラスノスチ政策を遂行することにしたのである。

1986年12月には、サハロフの流刑を解除している。1988年4月には、ロシア正教会のピーメン総主教らと会談し、信仰の自由を認めた。また、1989年12月には、バチカンにヨハネ・パウロ2世を訪ね、カトリック教会と和解した。

経済改革については、従来の社会主義統制経済を改め、1986年11月には個人営業法によって個人営業を認める方針を打ち出した。1987年8月には国有企業法を制定し、自主性、完全独立採算制、自己資金調達制を導入した。さらに、1988年5月には協同組合法を制定したが、いずれも予期したような成果は生まれなかった。

農業についても、コルホーズやソホーズに加えて、農民の自主性に任せる農業運営を取り入れ、1990年には農地の事実上の私有を認める土地基本法を制定した。

しかし、1988年からソ連経済は急速に悪化し、ゴルバチョフの急進的経済改革に対する批判の声が高まっていくのである。


政治改革については、ゴルバチョフは共産党一党独裁政治を改めることを決意し、1987年1月の党中央委員会で、複数候補による秘密投票の選挙を実施することを表明した。1988年12月、最高決定機関として連邦人民代議員大会を設置する憲法改正が行われた。国会を国権の最高機関とする日本国憲法と同様な規定である。

1989年3月26日に、第1回人民代議員選挙が行われ、古参の党幹部が落選し、急進改革派が躍進した。5月25日に召集された第1回人民代議員大会で、ゴルバチョフが最高会議議長（国家元首）に選出された。

1990年になると、ゴルバチョフは共産党一党独裁の廃止、複数政党制と大統領制の導入を人民代議員大会に提案し、3月の臨時大会で承認された。そして、代議員の投票でゴルバチョフが初代ソ連大統領に選出された。5年後の1995年には、全国民の直接投票で大統領が選出されることも決められた。

「ゴルバチョフは副大統領にシェワルナゼ外相を考えていたが、シェワルナゼは、「独裁が迫っている」と保守派を警戒するように訴えて、12月に外相を辞任した。改革派と保守派の板挟みとなったゴルバチョフは、守旧派のゲンナジー・ヤナーエフ政治局員を副大統領に任命したのである。

エリツィンは、1990年5月29日にロシア共和国最高会議議長に就任し、7月に開催された第28回ソ連共産党大会で党改革を訴えたものの保守派に拒否された。そこで、エリツィンはガヴリール・ポポフ、アナトリー・サプチャーク、ユーリー・アファナーシェフ、アンドレイ・サハロフら急進改革派の仲間とともに「地域間代議員グループ」を結成し、7月13日に共産党を離党した。

1991年6月12日にはロシア共和国大統領選が行われ、エリツィンが当選し、7月10日に大統領に就任した。そして、ロシア共和国の主権はソ連邦の主権に優越すると宣言したのである。因みにウクライナも、1990年7月16日に同様の宣言をしている。

ロシア共和国大統領選と同じ日に、モスクワとレニングラードで市長選挙が実施されたが、それぞれ、ポポフ、サプチャークという改革派が当選している。このロシア共和国における急進改革派の勢力拡大が守旧派の危機感を招き、後述する8月のクーデターへと繋がるのである。

外交では、1985年11月、ゴルバチョフがジュネーブでロナルド・レーガン大統領と米ソ首脳会談を行い、核軍縮交渉の加速化などで合意した。1986年にはアイスランドのレイキャビクで米ソ首脳会談が行われ、翌年の12月にはワシントンで、中距離核戦力（INF）全廃条約が調印された。

ドイツでは、1989年11月にベルリンの壁が崩壊する。12月には、バチカン訪問の直後、ブッシュ大統領とマルタで会談し、1968年のプラハの春への軍事介入が間違いであったことを認めた。この結果、米ソ関係は著しく好転したのである。

1990年2月にコール西独首相は訪ソし、多額の経済援助を供与することを条件に東西ドイツ統一の承認をゴルバチョフから取り付け、10月3日に統一が実現した。

ゴルバチョフのペレストロイカの余波は大きく、その他の東欧諸国でも、非共産化、民主化の狼煙があがっていく。

ポーランドでは、1989年6月の総選挙で自主管理労組「連帯」が圧勝し、1990年11月には連帯の指導者ワレサが大統領に選出された。

ハンガリーは、1989年10月に人民共和国から共和国に国名を変更し、民主化を始めた。

チェコスロバキアでは、1989年11月に共産党の一党独裁が廃止され、12月には「市民フォーラム」の指導者ハベルが大統領に就任した（ビロード革命）。

ルーマニアでは、1989年末にチャウシェスク政権が打倒され、チャウシェスク夫妻は処刑された。

ゴルバチョフの負の遺産：民族問題

一方、国内では、ペレストロイカの波に乗って、民族問題が一気に噴出した。

1986年12月にカザフ共和国のクナーエフ第1書記（カザフ人）が解任され、ロシア人のコルビンが後任となったことを批判する暴動が起こった。ペレストロイカ以来、初の民族暴動であった。

1988年12月には、アゼルバイジャン共和国の中にありながら、アルメニア人が人口の多数を占める自治州ナゴルノ・カラバフの帰属をめぐってアゼルバイジャンとアルメニアの間で紛争が生じた。1990年1月にはアルメニア人の村がアゼルバイジャン人に襲撃され、多くの犠牲者を出し、3万人のアルメニア人が避難した。ソ連軍がバクーに派遣されて、暴動を鎮圧した。

グルジア共和国の首都トビリシでは、1989年4月8日、グルジア人がソ連からの独立を求める集会を開き、反ソ暴動となった。そのため、ソ連軍が出動して鎮圧したのである。ゴルバチョフは、グルジアの分離独立は絶対に認めなかった。

そのグルジアでは、アブハジア自治共和国がグルジアからの分離とロシア共和国への併合を求めてきていた。しかし、グルジア共和国はそれには反対し続けていたのである。1989年7月にアブハジア人とグルジア人との衝突が起き、19人が死亡している。

モルダヴィア共和国では、1989年8月に首都キシニョフで60万人参加という大規模な反ソデモが発生し、1990年の最高会議選挙で民族派が勝ち、6月には「モルドバ・ソビエト社会主義共和国」の主権宣言をした。

1989年11月には、南部に住む少数民族のガガウズ人が「ガガウズ・自治ソビエト社会主義共和国」を宣言し、1990年8月に独立した。一方、9月には、沿ドニエストル地域で、ロシア語を話す住民が「沿ドニエストル・モルダヴィア・ソビエト社会主義共和国」を創設した。

モルドバは1991年8月にはモルドバ共和国として独立し、1991年12月21日には独立国家共同体（CIS）に加盟している。その4日後の12月25日、ソ連邦は消滅した。首都の表記も、ロシア語読みのキシニョフからルーマニア語のキシナウに変更された。

ガガウズ・自治ソビエト社会主義共和国は、1995年に大幅な自治権を付与されることになり、分離独立の動きは止まった。沿ドニエストル・モルダヴィア・ソビエト社会主義共和国のほうは、沿ドニエストル共和国として、独立国を標榜し、ロシアが独立を承認し、ロシア軍を駐留させている。

バルト三国では、1987年8月のデモを嚆矢にソ連から独立する運動が強まった。そして、1990年3月11日にリトアニア共和国が、3月30日にはエストニア共和国が、5月4日にはラトビア共和国が、ソ連邦からの独立を宣言した。これに対して、ゴルバチョフはリトアニアに経済制裁を科した。そのため、リトアニアは一時独立宣言を凍結した。

1991年1月13日、リトアニアの首都ヴィリニュスにソ連軍の空挺部隊が侵攻し、死傷者が出ている。さらに、1月20日にはラトビアの首都リガに内務省の特殊部隊が派遣され、市民に死傷者が出た。西側諸国はブッシュ大統領を先頭にこの軍事介入を批判し、米ソ関係は急速に悪化していった。

ゴルバチョフは何としてもソ連邦の崩壊を避けようとしたのであるが、エリツィンはこの措置を厳しく批判した。

多くの民族をかかえる帝政ロシア、そして後のソ連邦に、さらには今日のロシア連邦にとっても、民族問題は政権の命運を決するくらいに重要な問題であったし、あり続けている。これまで説明してきたように、ゴルバチョフのペレストロイカをきっかけに、1991年にソ連邦が解体したが、実はそれを準備したのも民族問題だったのである。

そのことは、フランスのロシア専門家、エレーヌ・カレール＝ダンコースが、1978年に公刊した『崩壊した帝国　ソ連における諸民族の反乱』（邦訳は1981年、新評論）で予見した通りである。

今プーチンが試みているのは、「崩壊した帝国」を再建することである。

ソ連邦の消滅

各地における共和国の離反の動きを前にして、ゴルバチョフは、民族問題を解決し、ソ連邦を維持するために、連邦が保持していた権限を各共和国に大幅に移譲する連邦再編を構想した。1991年3月17日には、連邦存続の賛否を問う国民投票を行った。15共和国のうち、バルト三国、グルジア、アルメニア、モルドバの6カ国が投票をボイコットしたが、それ以外の地域全体で76・4％が賛成票であった。しかし、賛成は、モスクワでは50・0％、レニングラードでは51・0％にすぎなかったのである。

この結果、投票に参加した9カ国が、ゴルバチョフ構想を具体化した新連邦条約に従って、連邦を再編することに合意した。そして、国名は「ソビエト主権共和国連邦」とすることにしたのである。

この新連邦条約は8月20日に調印される予定であったが、前日の19日、クリミア半島の大統領別荘に滞在していたゴルバチョフ夫妻らはクーデターを起こした保守派によって軟禁されてしまった。クーデターの首謀者は、ゲンナジー・ヤナーエフ副大統領、ヴァレンチン・パヴロフ首相、ボリス・プーゴ内務相、ドミトリー・ヤゾフ国防相、ウラジーミル・クリュチコフKGB議長らで、新連邦条約に反対するために国家非常事態委員会を組織してクーデターを敢行したのである。

これに対して、エリツィンは戦車の上から徹底抗戦を叫び、国民にゼネストを行うように訴えた。国民、そして軍や治安機関の多くも、また国際社会もクーデターを支持せず、守旧派の試みは失敗した。

クーデターの首謀者は8月22日に逮捕されたが、彼らはゴルバチョフの側近であり、そのためゴルバチョフの権威も失墜し、権力はエリツィンへと移行していく。24日には、ゴルバチョフはソ連共産党書記長を辞任し、共産党の資産凍結を発表し、ソ連共産党中央委員会の自主解散を要求した。8月28日、ソ連共産党は解体された。権力は、大統領と各共和国の元首から成る国家評議会に移り、この新権力は9月6日にバルト三国の独立を承認した。

11月6日、エリツィンはロシア共産党の活動を禁止し、自ら首相を兼任した。

この間、ゴルバチョフは主権国家連邦の結成への努力を続けたが、12月1日に独立の是非を問う国民投票が行われたウクライナでは、9割以上の国民が独立に賛成した、エリツィンはウクライナの独立を承認し、ゴルバチョフの提案する主権国家連邦には参加しないことを決めた。

そしてエリツィンは、12月8日には、ウクライナのレオニード・クラフチュク大統領、ベラルーシのスタニスラフ・シュシケビッチ最高会議議長と諮り、ソ連邦から離脱し、独立国家共同体（CIS）を樹立することで合意し、他の共和国もCISに加入したのである。その結果、12月25日にゴルバチョフはソ連大統領を辞任し、ソ連邦は崩壊した。

エリツィンの時代

エリツィンは、ソ連邦崩壊後もロシア連邦の大統領兼首相として権力を行使した。

外交では西側諸国との関係改善に努力し、1993年1月には、アメリカとの第二次戦略兵器制限交渉・条約（SALTⅡ）に調印した。しかし、クリントン政権が推進したNATOの東方拡大に憤慨し、また1999年3月のコソボ紛争におけるNATOによるセルビアの空爆に対しては厳しく批判した。

経済では、急進改革派のエリツィンは、社会主義計画経済から一気に資本主義経済に移行しようとしたため、1992年にはハイパーインフレを引き起こし、国民の収入や貯蓄、資産が激減し、国民生活が破壊された。失業者は増え、貧富の格差も広がった。

そして、国営企業の民営化を推進する過程で、国有資産を懐に入れて巨大な富を形成したオリガルヒが生まれた。

このような経済政策を、1993年9月にルスラン・ハズブラートフ最高会議議長は厳しく批判した。それに反発したエリツィンは、現行憲法を停止し、人民代議員大会と最高会議の権限を停止する大統領令に署名し、対決する姿勢を見せた。ハズブラートフは、最高会議を緊急召集し、ルツコイ副大統領に大統領全権を付与することを決議し、最高会議ビルに立て籠もって抵抗した。10月になるとエリツィンは、最高会議ビルを戦車で砲撃し、議会側を屈服させ、ルツコイ副大統領を解任し、副大統領職も廃止したのである。これを「10月政変」と呼ぶ。

12月には、大統領権限を強化し、連邦院（上院）と国家院（下院、ドゥーマ）からなる二院制議会を設置した。西側諸国はこのエリツィンの荒療治を支持したが、ロシア国民は生活を破壊した経済政策に不満を募らせ、1993年の連邦議会（上下院）選挙ではウラジーミル・ジリノフスキーが党首の極右政党、ロシア自由民主党が、得票率22・92％で第一党となった。大統領与党の「ロシアの選択」は15・51％、極左のロシア連邦共産党が12・4％であった。

1994年になると、チェチェンでは、ロシア連邦からの独立を目指す武装勢力が活動を強化したため、エリツィンは武力介入するが期待した成果は上がらず、多数の犠牲者を生み、批判が高まった。1996年8月には休戦協定が結ばれたものの、この第一次チェチェン紛争への対応でも、エリツィンは、国民の支持を失っていったのである。

1995年の下院選挙では、ロシア連邦共産党が得票率22・30%で第一党となった。極右の自由民主党は11・18%、大統領与党の「我が家ロシア」は10・13%であった。これは、エリツィンの急激な市場経済化で生活に苦しむ国民の不満の表れであった。

国民の不満は、1996年の大統領選でも表面化した。6月16日の第1回投票では、得票率で、エリツィンは35・28%、共産党のゲンナジー・ジュガーノフ候補が32・03%と僅差であり、エリツィン人気の陰りが印象づけられた。思わぬ苦戦を強いられたエリツィンは、オリガルヒに資金援助を請うとともに、この新興財閥傘下のメディアを動員させて、なりふり構わない選挙キャンペーンを展開したのである。

7月3日の上位二者による決選投票では、エリツィンが53・82%、ジュガーノフが40・31%という結果で、エリツィンは辛うじて再選できたのである。

しかし、この大統領選挙の後、オリガルヒは政権への影響力を強め、国営企業の民営化でも優遇されて、石油・天然ガスなどの業界を牛耳るようになる。彼らに富が独占され、貧富の格差も拡大していった。新興財閥は、エリツィンの親族らとともにエリツィン・ファミリー（セミヤー）を形成し、政治腐敗の源となっていく。

このことを念頭に置いて、プーチンは、政権に就いてから、オリガルヒとの付き合い方を再検討するのである。

1998年3月に、エリツィンはヴィクトル・チェルノムイルジン首相を解任し、後任にセルゲイ・キリエンコを据えるが、短命に終わり、9月にはKGB出身の実力者、プリマコフが後を継ぐ。経済を安定させたプリマコフの人気が高まると、自分の地位を脅かす危険性を感じたエリツィンは、1999年5月にプリマコフを解任する。

その後任のセルゲイ・ステパーシンも8月9日に解任し、プーチンを首相に任命するのである。FSB長官のプーチンは、エリツィンの汚職を追及していたユーリ・スクラートフ検察総長を女性スキャンダルで辞任に追い込むが、その功績を買っての抜擢であった。

2期目のエリツィン政権は腐敗が蔓延し、権力維持のために頻繁に首相の首をすげ替えるなど正常な政権の体をなしていなかった。健康状態も悪化し、1999年12月31日、テレビ演説で辞意を表明した。こうして、プーチン時代が幕を開けるのである。

第4章　ルサンチマンと成功体験

15の共和国からなる巨大な帝国、ソ連邦は、米ソ冷戦に敗れ、1991年12月には解体し、それからは苦難の歴史を歩んできた。東欧諸国も共産党政権を転覆させて民主化への道を歩み始め、ワルシャワ条約機構軍も1991年7月には解散した。

強い帝国の下で、しかも帝国の権力の中枢であるKGBの職員として社会人のキャリアを始めたプーチンにとって、西側に踏みにじられたこの体験こそが「ルサンチマン（恨み・妬み）」の原点なのである。

NATOの東方拡大

ベルリンを首都とするドイツの歴史を振り返ると、第一次世界大戦では敗者となり、領土を削減され、再軍備を禁止され、苛酷な賠償を強いられた。それに対するドイツ国民の不満がナチスの台頭を招いたのである。その教訓を活かして、第二次世界大戦の敗者であるドイツ、イタリア、日本に対して、勝者のアメリカは寛大な占領政策を展開し、マーシャル・プランなど援助に尽力した。その結果、今や日独伊はアメリカの忠実な同盟国となっている。

ところが、東西冷戦終了後のアメリカは、第一次世界大戦後と同じ対応に先祖返りしてしまった。それがNATOの東方拡大であり、クリントン大統領の1994年後半の政策変更である。

米ソ冷戦に勝利したと有頂天になったアメリカは、冷戦の敗者への配慮を忘れたようである。ゴルバチョフ元ソ連邦大統領は、「アメリカは傲慢かつ自信過剰になった」と批判し、「『勝者』は新たな帝国を作ることを決めた。そこからNATO拡大という考えが出てきた」と述べている。(『ロシア通信』2021年12月24日)

ベルリンの壁が崩壊した後、西ドイツのコール首相は東西ドイツの統一を実現するために、ソ連の理解を得るべく努力した。しかし、ゴルバチョフは、西ドイツによる東ドイツの吸収合併や統一ドイツへのNATO軍の展開に反対した。

そこで、コールは、経済困難に陥っているソ連に巨額の経済支援を約束し、その見返りに統一を承認してもらう手に出たのである。

そして、それとともにコールは、ゴルバチョフの安全保障上の懸念を払拭させるためにNATO不拡大を約束したとされている。私は、友人でコール首相の側近であった補佐官のホルスト・テルチクから、モスクワ通いをして苦労した話をよく聞いていた。また、当時の外交に携わった英独露の関係者も、その「約束」があったように言及している。一方で、「約束はなかった」という関係者もいる。

いずれが正しいか、それを証明する文書は残っていないが、そのような暗黙の了解はあったようであり、その和解ムードに乗って、1990年10月3日にドイツ統一が実現したのである。1年後の1991年12月にはソ連邦が崩壊したが、その後、NATO不拡大の「約束」は守られてきた。

そして、NATOは、1994年1月に拡大の代替案として、信頼醸成を目的に「平和のためのパートナーシップ（PfP：Partnership for Peace）」を、他の欧州諸国及び旧ソ連構成国とともに創設した。つまり、東欧諸国はNATOに加盟しないまでもパートナーとして扱うとしたのであり、ロシアもこれを了解した。

ところが、1994年後半になって、クリントン政権は、大統領選で東欧系移民の票を得るために、「NATOにはどの国も加盟できる」と表明して政策変更をしてしまった。選挙ですべてが決まる民主主義、そしてポピュリズムのアキレス腱である。

ドイツ統一を承認したロシアにとっては、「NATOは1インチたりとも拡大しない」というのが約束だったはずであり、このクリントンの豹変にエリツィンは激怒し、アメリカに裏切られたと悔やんだのである。

1999年3月にチェコ、ハンガリー、ポーランドがNATOに加盟し、エリツィンも、その後継者とされたプーチンも猛反発した。2000年にエリツィンの後を継いで大統領となったプーチンは、その怒りをルサンチマンとともに爆発させることになる。

しかし、NATOの東方拡大はプーチンを嘲笑うかのように進んでいく。

2004年3月にエストニア、ラトビア、リトアニア、スロバキア、スロベニア、ブルガリア、ルーマニアが、2009年4月にアルバニア、クロアチアが、2017年6月にモンテネグロが、2020年3月に北マケドニアがNATOに加盟している。

プーチンがウクライナ侵攻を決断した背景には、NATO不拡大という約束を反故にしたこのようなアメリカの裏切りがあったのであり、プーチンの根深いアメリカ不信があったのである。

フィンランドとスウェーデンまでNATOに？

ノルウェーやデンマークは1949年のNATO発足以来の加盟国であるが、スウェーデンは中立政策、フィンランドは米ソ冷戦下では「フィンランド化」と揶揄されるソ連寄りの外交政策を堅持した。

スウェーデンもフィンランドも1995年にEUに加盟したが、NATOには加盟しなかった。それは地政学的配慮からであるが、ウクライナへのロシアによる武力威嚇を見て、2022年5月、フィンランドのニーニスト大統領はNATO加盟を選択し、ロシアを牽制した。ロシアのウクライナ侵略が国民世論を大きく変えたのである。侵攻前には20％台だったＮＡＴＯ加盟支持が、侵攻後３カ月で78％にまで伸びたのである。

また、スウェーデンでも、ロシアの傍若無人の軍事的挑発に対してＮＡＴＯ加盟申請に踏み切った。中立国が軍事同盟、集団的安全保障システムに入るということは定義矛盾であるが、ロシアの侵略性を再認識した上での選択である。

スウェーデンもまた、何度もロシアと軍事対決した歴史がある。近世にスウェーデンはロシアと戦い、18世紀にはロシアを降伏させている。19世紀のナポレオン戦争のときには、ロシアに大敗した。

フィンランドもスウェーデンも強力な軍隊を持ち、ロシア軍が簡単に屈服させることができる相手ではないが、それでもＮＡＴＯ加盟を模索するのは、ウクライナの二の舞になりたくないからである。

プーチンのウクライナ侵略は、北欧の安全保障体制を根本から変えてしまいそうである。フィンランドとスウェーデンは、２０２２年5月にＮＡＴＯに加盟申請を出し、フィンランドは２０２３年４月４日に認められた。スカンジナビア半島全体がＮＡＴＯに組み込まれるということは、ロシアの隣に核ミサイルをはじめアメリカ製の兵器が配備されるということになる。

これはプーチンにとっては悪夢であるが、その悪夢が現実のものとなりつつある。プーチンの大きな誤算である。

ユーゴスラビアの解体

冷戦後にソ連邦と同じように連邦国家が解体した例として、ユーゴスラビアがある。

第一次世界大戦後に誕生したユーゴスラビア王国は、第二次世界大戦後、チトーの下で、ソ連邦の衛星国ではない自主的な社会主義連邦国家として再出発した。

「7つの国境、6つの共和国、5つの民族、4つの言語、3つの宗教、2つの文字を持つ、1つの国家」と称される多様性にあふれる国は、チトーのカリスマで統一を保ってきた。6つの共和国とは、セルビア、クロアチア、スロベニア、マケドニア、モンテネグロ、ボスニア・ヘルツェゴビナであり、最多の民族はセルビア人である。

しかし、1980年5月のチトーの死去後、経済が悪化し、国内の分裂要因が拡大した。そして、1989年のベルリンの壁崩壊後、東欧諸国の民主化に刺激されて、ユーゴを構成する各国は独立の動きを強める。1991年6月、10日間戦争の結果、スロベニアが独立し、9月にはマケドニアも独立した。

スロベニアと同日に独立を宣言したクロアチアでは、セルビア人も住んでおり、クロアチア政府に対して抵抗し、内戦状態となり、多くのセルビア人が難民となった。国連が平和維持軍を派遣するなどして介入し、事態が落ち着いたのが1995年の11月である（クロアチア紛争）。

1992年3月にボスニア・ヘルツェゴビナが独立したが、ボシュニャク人（ムスリム）とクロアチア人は独立推進で、セルビア人は独立反対で、三者入り交じっての内戦状態となった。これに、クロアチア内のセルビア人とクロアチア人の紛争も絡まった。

1994年にはNATOがセルビア人地域に小規模な空爆を行った。1995年には国連保護軍まで攻撃されたため、NATOはセルビア人勢力に大規模空爆を行い、11月に停戦に漕ぎ着けた。12月の和平協定で、ボシュニャク人・クロアチア人がボスニア・ヘルツェゴビナ連邦、セルビア人がスルプスカ共和国という独立性を持つ形での国家連合が成立した。

このボスニア・ヘルツェゴビナ紛争は、民族間の対立により、大量虐殺・民族浄化という蛮行が行われた悲劇である。

また、1998年にはセルビアでもコソボ自治州が独立を目指し、アルバニア人の武装勢力がユーゴスラビア軍及びセルビア人勢力と戦闘に入った。1999年になって、2月からフランスのランブイエで和平交渉が進められ、3月18日に和平案がまとめられた。その合意案は、①「コソボをユーゴスラビア内の自治州としてNATOが統治する」、②「コソボの治安は3万人のNATO兵士が維持する」、③「NATO兵士はユーゴスラビア領内で無制限の通行権と治外法権の対象となる」という内容であった。

アメリカ、イギリス、アルバニアは署名したが、当然のことながらミロシェビッチ連邦大統領をトップとするセルビア、そしてセルビアを支援するロシアは署名を拒否した。

NATOのセルビア空爆

そして、約1週間後の、3月24日にNATOは大規模なセルビア空爆に踏み切ったのである(Operation Allied Force)。空爆は、主にイタリアの基地から1000機の航空機を展開して行われ、巡航ミサイルのトマホークも使用された。これに対して、ユーゴスラビア軍やセルビア人勢力の抵抗は激しく、アルバニア人を中心に85万人もの難民が出た。

そこで、G8が政治的解決を求めて、米露EUが和平案を提示し、6月にミロシェビッチもこれを受け入れた。

その結果、NATO主体の国際部隊、コソボ治安維持部隊(KFOR)5万人がコソボに展開することになった。ロシアは、和平案の合意が成立する前にKFORに参加させる部隊を陸路でプリシュチナに送り空港警備を開始した。しかし、NATO、とくにアメリカの圧力で、NATOに既に加盟したハンガリー、加盟しようとするブルガリアとルーマニアは、追加の兵員と物資を派遣しようとするロシア空軍の領空通過を拒否した。そのため、補給が途絶え、ロシア部隊は孤立してしまった。このときは、英軍の司令官が米軍を諌《いさ》め、ロシア部隊への糧食を提供したのである。

プーチンはFSBの長官のまま、1999年3月にロシア連邦安全保障会議書記に就任しており、このコソボ紛争の処理に関与したものと思われる。

エリツィン、そしてプーチンにとっては、ソ連時代に支配していた東欧諸国がアメリカの言いなりになり、領空通過を拒み、さらに窮状を英軍に救われたとなると、屈辱以外の何物でもない。ソ連帝国のときには、絶対に起こりえなかったことである。プーチンのルサンチマン、そしてNATO、とりわけアメリカに対する不信感は募っていく。

KFORは、セルビア人らコソボにおける少数派住民を守ることに失敗し、多くのセルビア人らが難民となってコソボを去って行ったのである。ロシアの力の弱体化を象徴するコソボ紛争、NATOのセルビア空爆であった。

その後、アメリカとEUの支援を受けて、2008年2月にコソボは独立を宣言した。アメリカ、イギリス、ドイツ、日本などはコソボの独立を承認したが、セルビア、ロシア、中国などは承認していない。

NATOとロシアが軍事衝突する危険性

ユーゴスラビアに対する空爆は様々な問題を残した。NATOは、域外への空爆を含む軍事介入を正当化するために、「人道上の理由」を持ち出したが、国連安保理決議もないまま行っている。その点は国際的にも批判されており、それはNATOにとっては大きな反省点であった。

もしNATOとロシアが正面から軍事衝突することになれば、第三次世界大戦になる危険性がある。

ウクライナへのロシア軍の侵攻が始まってから20日後の2022年3月、ゼレンスキー政権は、NATOに対して飛行禁止区域の設定を求めたが、NATOはこれを拒否した。この対応は正しい。

もしウクライナ上空を区域に設定すれば、ロシアの戦闘機は入れなくなる。そして、侵入警戒のためNATOの空軍機が動員され、違反して侵入する航空機がないように警戒飛行を行う。そうなると、侵入しようとするロシア機とNATO機が戦闘状態に入る可能性があり、それは第三次世界大戦の引き金となる。そもそも、加盟国でもないウクライナに集団安全保障を適用することはできず、NATOは軍事介入していない。できるのは、武器援助のみである。

NATOが飛行禁止区域設定を拒否したのは当然であり、プーチンは飛行禁止区域を設置する国があれば参戦とみなすと警告して牽制した。

ユーゴスラビア解体の過程で、1994〜95年にNATOは、セルビア人に対し空爆を行った。また、コソボ紛争が激化した1999年3月にはユーゴ全土に大規模な空爆を開始し、6月まで継続している。

2022年のウクライナにとっては、「1999年のコソボ紛争のときにNATOは域外のユーゴを空爆したではないか、なぜ同じ事をしないのか」という思いが強い。理由は、人道上の危機ということである。

当時は、紛争解決のために国連やNATOが介入したのみならず、和平案のとりまとめには欧米とともにロシアも入っていた。2022年とは状況が違うのであり、ウクライナを第三次世界大戦の発火点にはできないというのがNATOの姿勢である。

しかも、NATOの空爆は、国連安保理決議もないまま行ったのであり、国際法上も様々な問題がある。

クロアチア人、セルビア人など複数の民族間で内戦が繰り広げられたユーゴスラビアは大国ではなく、アメリカ、イギリス、フランス、ドイツ、イタリア、ロシアなど大国が紛争の調停に乗り出すことができた。しかし、ウクライナの場合、侵攻したのがロシアという国連安全保障理事会の常任理事国である。軍事力では、アメリカに次いで世界第2位であり、3位は中国である。

そのために、国連安保理はロシアの拒否権によって機能しない。また、国連総会の決議は強制力を持たないのである。

「裏切りのウクライナ」は潰滅させるというプーチンの歴史認識

ロシアから見ると、ウクライナはロシアを裏切り続けており、敵として殲滅するしかないという認識をロシアの指導者が持つこともあった。

ロシアでは、1917年2月に2月革命が起こり、ロマノフ王朝は瓦解し、複数の政党からなる連立政権（臨時政府）が成立する。

2月革命に乗じて、ウクライナでは、連邦制・自治権拡大を追求する動きが出てくる。この運動を推進するウクライナ・ナショナリストは中央ラーダ（評議会、ロシア語のソビエト）を組織する。

カデット（立憲民主党）が主流のロシアの臨時政府は、ウクライナの自治拡大を歓迎していなかったが、中央ラーダと交渉するためにキエフに派遣された大臣たちが、6月30日、ウクライナ側の要求を認めてしまったのである。

7月2日に閣僚が辞任するなどして、騒動は首都を騒然とさせた。ウクライナの自治拡大要求が、臨時政府を弱体化させたのであり、それに乗じたレーニンは、武装蜂起を呼びかけ、10月にボリシェヴィキ革命を起こし、権力を奪取した（10月革命）。

第一次世界大戦を一刻も早く終わらせたいレーニンは、ドイツと12月後半からブレスト＝リトフスクで停戦交渉を開始した。

ウクライナでは、中央ラーダが反ボリシェヴィキの立場を鮮明にし、11月20日には「ウクライナ人民共和国」として事実上の独立を宣言し、12月17日にはボリシェヴィキと戦争状態に入る。

この状況で、ドイツがウクライナに干渉するのを防ぐため、ボリシェヴィキ政府はドイツとの講和交渉を急ぐ。しかし、中央ラーダは、一足先に１９１８年2月9日、ドイツと講和したのである。ウクライナは、ボリシェヴィキと戦うためにドイツ軍の支援を受け、それと交換にドイツに１００万トンの穀物の供給を約束した。

ウクライナの主要産品は、肥沃な大地が生み出す小麦などの穀物であり、これが戦略物資として外交でも大きな意味を持つことは、２０２２年に始まったウクライナ戦争でも世界が再認識したところである。

ドイツ軍はこの中央ラーダとの連携に力を得て、赤軍を攻撃し、首都ペトログラードに迫っていく。ボリシェヴィキ執行部では、対独徹底抗戦派が多数派であったが、レーニンは革命の結果生まれた新体制を守るため、即刻の講和を主張して、3月3日に講和条約（ブレスト＝リトフスク条約）を締結する。その結果、ロシアは、フィンランド、ポーランド、バルト三国、ウクライナなど、多くの領土を失ったのである。

ドイツと手を組んだウクライナの「裏切り」によって、多くの領土を失ったという屈辱を、スターリンもプーチンも忘れなかった。そのこともまた、2022年のウクライナ侵攻の背景にある。

スターリンの亡霊

権力を奪取した後、先述したように、ボリシェヴィキ政権は反対派との間で激しい内戦を展開する。

1920年、赤軍とポーランドの戦争が激化する。5月には、ポーランド軍がキエフを占領し、スターリンもウクライナ戦線に派遣される。赤軍は6月にはキエフを奪還する。赤軍は反転攻勢、ポーランドに進軍する。スターリンはリヴォフ（リヴィウ）の攻略を指揮し、トハチェフスキー将軍がワルシャワ攻略に向かう。スターリンはトハチェフスキー支援を要請されるが、それを拒否し、リヴォフ攻撃に集中する。その結果、8月中旬に赤軍はポーランド軍に撃退されてしまった。

スターリンは不手際の責任を問われ、前線から召還され、軍事的役職から手を引かざるをえなかった。9月20日、党の中央委員会総会は、スターリンをカフカスへの長期任務に派遣することを決めるが、これは左遷である。

因みに、赤軍とポーランドとの戦争は両軍の消耗が激しく、1921年3月18日に講和条約（リガ条約）が結ばれる。赤軍に勝ったポーランドは、ベラルーシ西部とウクライナ西部（ガリツィア）を併合し、領土を拡大する。

激しい内戦は1920年末にはほぼ終了するが、ウクライナに煮え湯を飲まされたスターリンは、その恨みを晴らすかのように、1932～33年にウクライナ人から穀物を奪い、数百万人を餓死させた。レーニンもスターリンも、農民、そしてウクライナ人を蔑視し、虫けらのように扱ったが、その伝統はプーチンにも受け継がれている。

90年後の2022年、ウクライナに侵攻したロシア軍は、民間人の虐殺など冷酷無比な行動を繰り返している。また、すでに100万人のロシア人が国外に脱出したという。まさに歴史は繰り返し、スターリンの亡霊は、プーチンとなってロシアに君臨している。

第二次世界大戦後も、ウクライナはスターリン体制の下にあったが、ウクライナには多数のロシア人が流入した。戦前には人口の13%（400万人）だったロシア人の比率が、1989年

Экс-мэр Токио: Украина постоянно предавала Россию

19 октября 2022
12:41

Встреча гитлеровцев жителями Украины. Архивное фото 1941 года

Украина постоянно предавала Россию, причём каждое предательство выливалось в большие потрясения и жертвы для народов обеих стран. Об этом заявил экс-мэр Токио Ёити Масудзоэ, пишет Pravda.Ru.

ГЛАВНЫЕ НОВОСТИ

Украинские войска обстреляли гражданскую переправу в Херсоне

Волшебный пендель: Маск запустил 54 спутника для Starlink

Минобороны Белоруссии: Запад готовится к войне

Российский истребитель отпугнул британский патруль над Чёрным морем случайной ракетой

ВЫБОР РЕДАКТОРА

Захарова об уходе Трасс: Такого позора Британия еще не знала

АНАЛИТИКА

Офицеры из армии Литвы и наемники все чаще остаются на Украине навечно

Запад просчитался: Россия оказалась институционально едина и сильна — Вадим Гиган

В ближайшее время в ходе СВО наступит перелом — опрос EADaily

New York Post: Фирма Хантера Байдена получила из России 100 млн долларов

1. Офис Зеленского умолял США не бросать Украину — конгрессмен Суолуэлл
2. В Париже двух украинок выставили из ресторана со словами «Да здравствует Путин!» ▲
3. Зеленский ввел санкции против жены Александра Лукашенко ▼
4. Лукашенко сделал белорусам серьезное предложение ▲
5. Волшебный пендель: Маск запустил 54 спутника для Starlink
6. Захарова об уходе Трасс: Такого позора Британия еще не знала ▼
7. Украина может остаться без света, тепла и воды на месяцы — Арестович ▲
8. Сыновья Кадырова привезли из зоны СВО пленных солдат ВСУ ▼
9. Энергосистема Украины не выдержала осенних заморозков после предупреждающих ударов ▲
10. «Северных потоков» нет: немецкие экологи взялись за терминалы СПГ ▼

НОВОСТИ ПАРТНЕРОВ

Появилась неожиданная деталь взрыва на Крымском мосту

著者の論考が引用されたロシアメディア「EurAsia Daily」の記事。

にはウクライナの22％（1100万人）にまで増えたのである。

ソ連は、ウクライナ・ナショナリズムを厳しく取り締まった。ブレジネフ時代には、官僚支配のウクライナの政治は腐敗し、経済も停滞し、ウクライナ文化は弾圧され、危機的な社会状況になっていった。1986年4月には、チェルノブイリ原子力発電所で事故が発生した。

ロシアの歴史において、ロシアの指導者のウクライナへの恨みが、夥しい数の犠牲者を生んできた。2022年のウクライナ侵攻も、その一つである。

以上の内容について、私は〈「昔からウクライナは裏切りの国」、それがプーチンの歴史認識〉というタイトルで「JBpress」（2022年10月15日）に寄稿したが、ロシアメディア「EurAsia Daily」（10月19日付）がそれを引用した。「前東京市長：ウクライナは絶えずロシアを裏

モスクワ市長ソビャーニン（中央左）と握手を交わす著者。（本人提供）

切った（Экс-мэр Токио: Украина постоянно предавала Россию）」というタイトルが付されている。

私が記述した1917年のロシア（ボリシェヴィキ）革命から、内戦、ブレスト＝リトフスク条約に至るロシア・ウクライナ関係史を、そのまま引用してある。

ボリシェヴィキから見ると、怒りたくなるウクライナの反ロシア政策である。これがプーチンの歴史認識だと説明したのだが、あたかも私の歴史認識であるかのように書いてある。日本の政治家が、ウクライナを「いつも裏切る国」と見ているという記事に仕立て上げられているのである。

因みに、モスクワ市長のソビャーニンはプーチンの最側近であり、プーチンが大統領のときに大統領府長官、プーチンが首相のときは副首相兼官房長官であった。したがって、「東京市長」というのは、ロシア人にとっては、モスクワ市長との連想から日本の最有力政治家なのである。その日本の「大もの」政治家ですら「ウクライナはロシアを裏切ってきた」と言っているというのは、プロパガンダに使うのには実に効果的なのである。

チェチェン紛争

首相になったプーチンを待ち受けていたのは、チェチェン紛争であった。

カフカス地方のジョージア（旧・グルジア）に隣接するチェチェンは、ソ連邦を構成する社会主義共和国の内の一自治共和国であった。チェチェンでは、1989年11月のベルリンの壁崩壊以来、ロシアからの完全独立を目指す勢力と、それを力で押さえようとするロシア政府との間で内戦状態の戦闘が続いていた。

ジョハル・ドゥダエフ大統領を指導者とする独立を目指す武装勢力は、1991年11月に独立を宣言したがモスクワはこれを認めず、1994年12月にロシア軍が攻撃し、独立派は制圧された。ロシア軍は1995年から撤退を開始し、1996年4月にドゥダエフが戦死し、8月には休戦条約（ハサヴユルト合意）が結ばれ、5年間独立を凍結することが決まった。こうして、1997年1月にロシア軍は完全に撤退した。これを第一次チェチェン紛争と呼ぶ。

しかし、独立派の武装勢力は、運動を継続した。プーチンが首相に就任した1999年8月、独立強硬派の武装勢力「イスラム国際戦線」が、隣国ダゲスタン共和国に侵攻し、一部の村を占領したのである（ダゲスタン戦争）。

また、モスクワ郊外のアパートが爆破され、百数十名が死亡するテロ事件も発生した。この事態に対し、プーチンは意を決して対決する。

首相就任直後、プーチンは先述したように、「チェチェンの反乱軍やテロリストを便所のなかまで追いかけるつもりだ」と大衆受けする汚い言葉を使って、力の行使によって、イスラム過激派を殲滅させるという決意を表明したのである（参考文献③、118p）。そして、2000年に出版した自伝でも、「チェチェンの盗賊ども、武装勢力を潰滅する」と語気を強めている（参考文献①、166p）。

独立派の活動激化に対して、首相のプーチンは、これをテロとして弾圧することを決め、1999年9月23日にはロシア軍が空爆を開始した。こうして、ハサヴユルト合意は無効となってしまったのである。

軍を掌握するために、プーチンは、兵士の給料を上げるという手段も講じて、ロシア軍を現地に集結させた。

チェチェンを孤立化させるため、プーチンは空路と鉄道を遮断し、テロリストが跋扈《ばっこ》している地域へのガスと電気の供給を止めたのである。そして軍事施設、通信施設、燃料倉庫、橋、道路などを空爆し、またミサイルで攻撃した。2022年2月に開始したウクライナ侵攻で、ロシアがウクライナ全土に対して実行しているインフラ攻撃、電気・水道の供給妨害という措置は、まさにチェチェンでプーチン首相が陣頭指揮して断行した戦術と同じなのである。

2000年2月にグロズヌイが陥落し、武装派勢力のチェチェン・イチケリア共和国は瓦解し、2000年6月には親露派勢力によって暫定政府が設置され、その行政府代表に親露派のアフマト・カディロフが就いた。これが第二次チェチェン紛争の顚末である。

その後も、チェチェン強硬派によるテロが、モスクワをはじめ各地で猛威を振るった。ウクライナやシリアでも、チェチェン人が様々な工作に携わっている。

アフマト・カディロフは2004年5月に爆弾テロの犠牲となり、次男のラムザン・カディロフが後を継ぎ、プーチンの忠実な代弁者としてチェチェンを統治している。モスクワからの経済援助によって、カディロフはプーチンの意向に沿うような専制政治を展開しているのである。

ラムザンは、ウクライナ戦争ではロシア軍を積極的に支援し、その功績によって、プーチンから2022年10月5日に「上級大将」の称号を授与された。

因みにプーチンは、2000年2月23日の「祖国を防衛する人の日」の祝日に、クレムリンにおけるレセプションで演説し、軍を讃えるとともに、「民衆は、勝利できる軍隊だけを尊敬する」と述べている。

このような考えのプーチンが、ウクライナに負けることを容認するはずはない。政治家は、誰しも過去の成功体験を軸にして戦略を組み立てるものである。とりわけプーチンの場合は、2014年のクリミア併合までは、それが成功してきたのである。

グルジア：南オセチア紛争（ロシア・グルジア戦争）

カフカス半島には約30の民族が住んでいるが、言語も宗教も風習も多様である。グルジア（現・ジョージア）には、親露派で分離独立を唱える南オセチアとアブハジアが存在している。グルジア人、オセット（オセチア）人、アルメニア人、ロシア人などが住んでいる。

グルジア地域は、19世紀にロシア帝国に併合されたが、1917年のロシア革命の後、一時的に独立を果たした。しかし、ボリシェヴィキによって1922年にソビエト連邦に併合された。そのときに、南オセチアはグルジア共和国内の自治州に、北オセチアはロシア共和国の自治州となった。

1985年のゴルバチョフ政権発足後、1989年に南オセチア議会は独立を宣言した。この時点での人口構成は、オセット人が60％、グルジア人が20％、アルメニア人が10％、ロシア人が５％、その他５％である。

南オセチアの独立に反対するグルジアは１９９１年１月に軍事介入し、戦争となった。戦争中の１９９１年４月にグルジアはソ連からの独立を宣言し、12月にはソ連解体とともに完全に独立した。戦争は、１９９２年に停戦が成立し、ロシア、グルジア、南北オセチアから成る平和維持軍が設置されたが、南オセチアは事実上の独立状態となった。

その後、グルジアでは、２００３年11月議会選挙後、バラの花を持った野党支持者らに不正選挙を批判されてシェワルナゼ大統領が辞任した。シェワルナゼは、ゴルバチョフ政権の外相であったが、その後のグルジア最高指導者としては経済運営など統治に失敗し、南オセチアやアブハジアの分離独立の動きを阻止できなかったことで批判が高まっていた。

この非暴力の革命を「バラ革命」と呼ぶが、２００４年１月の大統領選で、野党指導者で親欧米派のミヘイル・サアカシュヴィリが当選した。

南オセチアでは、２００６年に国民投票が行われ、完全独立賛成が１００％近くの票を得たが、少数派のグルジア人はグルジアへの残留を主張したのである。

ロシアが親露派住民を支援するのは当然であり、南オセチアでは、たとえばロシアのガス会社であるガスプロムがパイプライン建設で巨額の資金とエネルギー資源を供与したのである。

これに対して、アメリカは親欧米派のサアカシュヴィリ政権に対して軍事支援などを行った。背景には、2005年に完成したアゼルバイジャンのバクーとグルジアのトビリシとトルコのジェイハンを結ぶパイプラインがある。ソ連解体後、カスピ海の海底の豊富な原油を、アゼルバイジャンからロシアやイランを経由せずに地中海へ運ぶルートとして建設されたもので、ロシアは自国を通過しないので参加しなかった。また、経由国としては、トルコと歴史的に対立するアルメニアは避け、グルジアを選んだのである。パイプラインはBP（旧・ブリティッシュ・ペトロリアム）が中心となって運営している。

このように、ソ連邦崩壊後、石油資源が眠る南カフカスは、アメリカとロシアが影響力を競う場となったのである。

南オセチアにおけるグルジア人とオセット人の対立を背景に、2008年8月7日の午後、サアカシュヴィリ政権はグルジア軍を派遣して南オセチアの首都ツヒンヴァリに対し軍事行動を起こした。これを受けて、ロシア軍が南オセチアに入り、激しい戦闘が行われた。黒海のロシア海軍はグルジア沿岸を攻撃した。

プーチンは、グルジアに対して、「NATOに加盟しないように、また、アブハジアと南オセチアを武力によって取り戻さないようにと警告していたはずだ」と、武力介入を正当化した。

8月8日は北京夏季オリンピックの開会式であり、時差を考えれば、まさに開会式の日に戦争が始まったのである。当時の大統領はメドヴェージェフであり、首相のプーチンは五輪開会式に出席していた。

プーチンは、事前に侵攻計画を承認済みだったと思われる。軍事行動を最初に起こしたのはロシア側かグルジア側か不明であるが、アブハジア軍もロシア軍に合流して5日間戦闘が行われた。

その結果、グルジア軍は南オセチア及びアブハジアから撤退を余儀なくされた。8月12日にフランスが休戦の提案をし、8月15日にはグルジアが、16日にはロシアが、それに応じて署名した。8月26日、ロシアは南オセチアとアブハジアの独立を承認した。10月には、ロシア軍はグルジアから撤退した。

ロシア共和国の一員であるチェチェンで独立を目指す動きが出たとき、ロシア軍は武力で鎮圧し、2000年6月に傀儡《かいらい》政権を樹立した。チェチェン強硬派は世界各地でテロを繰り返してきているが、これは「内政問題」なので、国際社会は関与できなかったのである。

2008年にグルジアで起こった南オセチア紛争でも、アメリカは事前にグルジアへの軍事支援を約束していたにもかかわらず、何もしなかったのである。この経験が、その後のプーチンの行動に影響を及ぼすことになる。

メドヴェージェフは、半年前の2008年2月に欧米側が一方的にコソボの独立を承認した（124ページ参照）ことを引き合いに出して、ロシアも南オセチアとアブハジアについて同じ事を実行したまでだと述べたのである。

2003年にグルジアでバラ革命が起こり、親欧米派の政権に変わった。2004年にはウクライナで、後述するオレンジ革命が起こった。そして、1999年3月に始まったNATOの東方拡大（3カ国）に、2004年にはさらに7カ国が加わった。プーチンは、これらの動きは全て西側による工作の結果生まれたものと判断し、アメリカを中心とする西側への不信感を強めていくのである。

そして、2008年になると、2月に西側がコソボの独立を承認し、また、8月にグルジアを煽ってロシア・グルジア戦争を引き起こしたことを、プーチンは厳しく批判した。8月28日にアメリカのテレビCNNで、プーチンは「武力衝突は、大統領選で（ロシアへの強硬姿勢で知られる）共和党のマケイン候補を有利にするために、ブッシュ政権がグルジアを煽ったものだ」と述べている。

2008年は、プーチンが西側への対決姿勢を決定的にする分岐の年となったのである。

クリミア併合

1991年8月24日、ウクライナはソ連邦から独立した。12月のソ連邦崩壊の直前に、独立国家共同体（CIS）のメンバーとなった。ソ連は、1945年のヤルタ会談で、ポーランドからガリツィア（ハリチナー）や西ヴォルイニ・ポリッシャ地方、ルーマニアから北ブコヴィナ地方、チェコスロバキアからザカルパッチャ地方などを割譲された。スターリンは、これらの新たに獲得した領土を、ソ連邦を構成するウクライナに併合した。独立により、ウクライナはキエフ・ルーシ崩壊以降で最大の領土を獲得したことになったのである。

東南部はロシア人も多く住んでおり、ロシアとの関係が深く、ロシアはロシア系住民の保護に力を注いだ。一方、西部や中部は親西欧派が多く、EUへの加盟を求めた。こうして、ウクライナの東西で政治的意見も異なり、国が二分される状況となった。

2004年11月の大統領選決選投票では、親露派のヴィクトル・ヤヌコーヴィチと親西欧派のヴィクトル・ユシチェンコの一騎打ちとなった。選管はヤヌコーヴィチの当選としたが、ユシチェンコ陣営は選挙に不正があったとして、首都キエフを中心に大規模なゼネスト、デモなどの抗議活動を行った。

EUなどの仲介で12月に再投票が行われ、ユシチェンコが勝利し、大統領となった。彼の陣営のシンボルカラーであるオレンジから「オレンジ革命」と呼ばれる。

しかし、ユシチェンコ与党の「われらのウクライナ」は、2006年3月の最高会議の選挙で惨敗した。その後、政権内部の抗争で、2010年の大統領選挙では、ティモシェンコと対決したヤヌコーヴィチが当選するという結果になった。

ヤヌコーヴィチは、セヴァストポリにおけるロシア黒海艦隊の駐留を25年間延長することを承認した。

2013年、プーチンの圧力で、ヤヌコーヴィチはEUとの政治・貿易協定の調印を見送り、ロシアやその経済圏との協力を強化しようとした。そのため、親欧米派が抗議活動を展開し、騒動は拡大して収拾がつかなくなり、2014年2月22日にヤヌコーヴィチは国外に逃亡したのである。

最高会議はヤヌコーヴィチの大統領解任と大統領選の繰り上げ実施を決議した。最高会議議長のオレクサンドル・トゥルチノフが大統領代行に就任した。これが、マイダン革命（ユーロ・マイダン革命）と呼ばれるものである。

ヤヌコーヴィチが国外に脱出した翌日の23日、トゥルチノフと最高会議は、ヤヌコーヴィチ政権下でロシア語を第二公用語としていた公用語法の廃止を決めた。これには東部のロシア系住民が反発して、独立志向をますます強めていった。また、EUは加盟条件として、国内の少数派の保護を掲げており、ウクライナ加盟への障害となることを懸念した。

親露派政権の崩壊という事態に、プーチンはロシア系住民を保護するという名目でクリミアへの軍事介入を決め、秘かに武装集団をクリミアに侵入させるなど周到に準備を進めた。

3月1日にはロシア上院もそれを承認している。3月11日には、クリミア自治共和国最高会議とセヴァストポリ市議会はクリミア独立を宣言した。3月16日にはウクライナからの独立とロシアへの編入を問う住民投票が行われた。その結果賛成が多数となり、それに基づいて3月18日にロシアはクリミアを併合した。

2014年2月～3月にソチで冬季のオリンピック・パラリンピック大会が開かれたが、パラリンピック閉会式の2日後の18日にロシアはクリミア半島を併合したのである。

先述したように、1954年にフルシチョフは、ロシア共和国からウクライナ共和国への「友好の証」としてクリミア半島を割譲した。37年後にソ連邦が崩壊することなど想像だにできなかったフルシチョフにしてみれば、クリミアがどの共和国に属そうと、ソ連邦のメンバーでありさえすれば良かったのである。

1954年まではロシア共和国に属し、ロシア人も多いこの地域は住民投票をすればロシア帰属が決まるのは当然であった。ただ、クリミアの住民投票は、ウクライナ全国民が行ったものではなく、「領土変更は国民投票によってのみ議決することができる」と規定するウクライナ憲法73条の違反であることは確かである。そこで、ロシアは、クリミアに独立宣言をさせ、独立国家としてロシアに併合させたのである。

3月27日、国連総会は、この住民投票・併合を認めない決議を、賛成100、反対11、棄権58（欠席24）で採択した。さらに、西側諸国はロシアに経済制裁を科したが、比較的緩やかなものであり、ロシアによるクリミア併合を覆すことはできなかった。

ヤヌコーヴィチ大統領の国外逃亡を受けて、2014年5月に大統領選挙が行われ、「チョコレート王」と称されるオリガルヒのペトロ・ポロシェンコが当選した。しかし、東部のドンバス地方では、分離独立を目指す親露派と政府側の親欧米派との間で戦闘が続いた。

シリア

2010年12月の青年の焼身自殺事件を発端に、チュニジアで民主化を求める運動「ジャスミン革命」が起こった。その結果、翌年1月には、23年間続いたベン＝アリー政権が崩壊した。この革命はエジプトなど、他のアラブ諸国にも広がっていき、それは「アラブの春」と呼ばれた。シリアもまた例外ではなかった。

シリアでは、40年にわたるアサド家の独裁に対する国民の不満が爆発し、2011年に抗議運動が起こった。シーア（アラウィ）派の政権によって虐げられてきたスンニ派の人々が中心になり、次第に武装化、過激化していき、反政府の「自由シリア軍」を結成した。これに対して、アサド政権側は、ロシアやイランの支援を受けて対抗し、内戦となったのである。

これにスンニ派の過激派テロ組織であるIS（イスラム国）も介入したため、内戦が泥沼化していった。そのため、大量の難民が発生した。今でもまだ内戦は続いており、2021年3月時点で、国外に避難した人は660万人、国内で避難生活を送る人は670万人にのぼっている。第二次世界大戦後、最悪の難民である。

2015年9月30日、ロシアはアサド政権を支援するために、ISに対して空爆を行った。ロシアの介入の大義名分は、国際テロ集団ISを壊滅させるためだということである。しかし、この介入の真の理由は、クリミア併合によって起こった国際社会からの激しい批判を鎮めるためだったと言われている。

アメリカでは、2017年1月にトランプが政権に就き、2018年4月にはトマホークミサイルでアサド政権側の施設を攻撃した。しかし、2019年になると、それまでのアサド政権打倒という政策を転換して、ロシアとともにISの掃討を最優先にするとしたのである。

2019年10月、トランプ大統領は、シリア北東部から米軍撤退を表明した。

こうして、トランプ政権がシリアから実質的に手を引き、ロシアはアサド政権を継続させることに成功した。イランと並んで、ロシアがこの地域を安定させる大国としての役割を果たすという決意を実行に移したのである。

その結果、中東におけるロシアのプレゼンスが高まった。しかも、シリアから利用を認められている港は、ロシアにとっては地中海に面した唯一の海軍基地である。アサド政権が崩壊しては困るのであり、それを阻止したことはプーチンの勝利である。

シリア内戦から逃れてくる大量の難民でヨーロッパ諸国は苦労しており、ロシアの介入はシリアの安定化をもたらし、難民を減少させるとして歓迎されたのである。その結果、クリミア併合への批判が希薄化されるという狙いもプーチンにはあり、その作戦は成功したと言えよう。

まさに、シリア内戦への介入は、プーチンにとっては一石二鳥にも一石三鳥にもなったのである。

第5章　幻想の外交・相互依存関係と文明の衝突

ベルリンの壁が崩壊し、東西冷戦が終わり、ソ連邦が解体した後の混乱を収めるために、国際社会は様々な取極めを行った。しかし、それは期待されたような成果を上げることができなかった。

ブダペスト覚書

1991年にソ連邦が崩壊した後、大きな問題となったのが核兵器の管理である。ソ連邦を構成していたベラルーシ、ウクライナ、カザフスタンには核兵器が配置されていた。この3カ国が独立して、そのまま核兵器を保有し続ければ、核兵器保有国が3カ国増えることになる。それは、アメリカ、フランス、イギリス、中国、ロシア（ソ連）の5カ国以外には核兵器の保有を認めない核拡散防止条約（NPT）に違反することになる。NPTは1968年に国連総会で採択され、1970年に発効している。

ソ連邦から独立する際に、この3共和国がNPTに加盟し、核兵器を放棄する（具体的にはロシアに引き渡す）こととしたのである。1994年12月5日に、ハンガリーの首都ブダペストで開かれたOSCE（欧州安全保障協力機構）会議において、核放棄の見返りとして、ロシア、アメリカ、イギリスは、この3カ国の安全を保障することを約束し、署名した。これが、ブダペスト覚書である。

問題は、安全保障上の法的義務については何も規定されていないことである。

ブダペスト覚書の内容は、①「3カ国の独立と主権と既存の国境を尊重する」、②「3カ国に対する脅威や武力行使を控える」、③「3カ国に政治的影響を与える目的で、経済的圧力をかけることは控える」、④「3カ国が侵略の犠牲者、または核兵器が使用される侵略脅威の対象になってしまう場合、支援を差し伸べるため即座に国連安全保障理事会の行動を依頼する」、⑤「3カ国に対する核兵器の使用を控える」、⑥「これらの誓約事に関して疑義が生じた場合は、互いに協議を行う」となっている。しかし、軍事援助の法的義務は明記されていない。

条約ではなく、覚書（Memorandum）であるから、以上の内容を守らなくても国際法違反とはならない。しかし、国際的な約束が何の重みもない一枚の紙切れではないはずである。

2014年にロシアはクリミアを併合したが、ウクライナはブダペスト覚書の①の違反だと抗議した。ロシアは住民投票の結果だと反論したが、クリミア併合がブダペスト覚書の違反であることは明白である。しかし、アメリカもイギリスも経済制裁は科したが、それは重いものではなく、合意を遵守させるための具体的・実効的な手は打たなかった。

2022年のロシア軍によるウクライナ侵略についても、ブダペスト覚書違反であることは明らかである。そのためウクライナは、2022年3月のロシアとの停戦交渉の過程で、NA

TO加盟を断念する代わりに、強力な法的担保のある安全保障体制の構築を求めたのである。

ミンスク合意

ウクライナでは、親欧米派が親露派のヤヌコーヴィチ政権に対して抗議活動を展開し、2014年2月にヤヌコーヴィチ大統領は国外に逃亡した。これがマイダン革命である。これに対して、親露派の多く住む東南部では、マイダン革命を認めず、ロシアとの協力関係を重要視する人々が立ち上がった。

プーチンは、この親露派の動きを支援し、ロシア人をこの地域に送り込んだ。2014年のクリミア併合も、そのような支援活動の一環である。

こうして、親露派とウクライナ政府側（親欧米派）との間で武力闘争が行われる深刻な事態となっていった。クリミア、ドネツク、ルハンシク（ルガンスク）、オデーサ（オデッサ）、ザポリージャ（ザポロジエ）、ハルキウ（ハリコフ）、ドニプロペトロウシク（ドニプロペトロフスク）では親露派勢力が多く、NATOやEUではなく、ロシア主導の関税同盟への加盟を求める声が強かった。一方、西部・中部の親欧米派地域では親露派とは反対に、EUやNATOへの加盟を支持する人が多かったのである。

その一方で、ウクライナは分裂せずに一つの国家として存続すべきだと考える人は、どの地域でも最も多かった。そうした中、親露派陣営の過激派が暴力行為に訴え、ウクライナ政府側はそれに対抗するために軍事行動に出た。3月、4月と対立抗争は激化し、ドンバス地域（ドネツク州とルハンシク州）では内戦の様相を呈し、ドンバス戦争とすら呼ばれた。

親露派の分離独立派は、4月7日にはドネツク人民共和国（DPR）を、4月27日にはルガンスク人民共和国（LPR）の樹立を宣言した。

そして、この両州では、5月11日に州の地位に関する住民投票が行われた。ドネツクでは投票率75%で、89%が自治に賛成、10%が反対であった。ルハンシクでは、96・2%が自治に賛成票を投じている。5月22日には、両州が構成するノヴォロシア人民共和国連邦の樹立が、ドネツクの親露派指導者パヴェル・グバレフによって宣言された。

その後も、親露派の分離独立主義勢力とウクライナ政府軍との間で、激しい戦闘が続いていった。

以上のような状況は国際社会を憂慮させた。4月には、ジュネーブでウクライナ、アメリカ、ロシア、EUが緊張緩和の措置をとることで合意し、ウクライナに関する「ジュネーブ宣言」を作成した。内容は、ウクライナの違法な武装集団の武装解除、違法占拠した建物の返還を求め、それに応じた者には恩赦を認めるというものであった。そして、OSCEの特別監視団が、その措置の実施を監督することになった。この合意によって、アメリカとEUによる追加的対露経済制裁はいったん保留されたのである。

しかしながら、内戦は収束しなかった。6月20日には、ウクライナのポロシェンコ大統領が「15項目の平和計画」を発表したが、停戦にはほど遠い状況が続いていった。

しかし、この頃、ウクライナ、ロシア、OSCEの代表は3カ国連絡グループを設置し、紛争の平和的解決を模索した。同時に、ウクライナ、ロシア、ドイツ、フランスで構成される「ノルマンディ形式」という交渉の場も持たれた。「ノルマンディ形式」とか「ノルマンディ方式」と称されるのは、2014年6月のノルマンディ上陸作戦70周年の式典の際に、この4者が初会談を行ったからである。

ウクライナ、ロシア、OSCEに、ドネツク人民共和国、ルガンスク人民共和国の代表が加わり、7月31日、8月26日、9月1日、9月5日に会議が行われ、9月5日にベラルーシの首都ミンスクで議定書の調印に漕ぎ着けた。議定書は12項目からなり、即時停戦、OSCEによる停戦監視、ドネツク・ルガンスクの地方分権の確保、ウクライナ・ロシア国境にセキュリティゾーン設置、捕虜の解放、ドンバスの人権状況の改善、違法な武装集団の解散などが決められた。これは、ポロシェンコの15項目に類似していた。

しかし、議定書調印後も停戦違反が続発し、さらに関係者で議論が続けられ、覚書が9月19

日に調印された。国境線から15キロ内での重火器の撤去など、議定書の内容を具体化したのである。

ところが、その後も覚書が遵守されない状況が続き、ドネツク国際空港などで激しい戦闘が繰り広げられた。空港は廃墟と化し、2015年1月までに覚書は何の効果ももたらさなかったことが明白になった。

ミンスク2

国際空港に続いて、鉄道と道路の要衝であるデバルツェボもまた、分離主義勢力とウクライナ政府軍との間で争奪戦となった。1月後半には分離派がほぼ制圧するところとなったが、戦闘は続いた。

このように、OSCEの関与では内戦を停止させることができず、戦闘が続くという深刻な状況を前にして、2015年2月に、フランスとドイツが介入することを決めた。アメリカは一方的にウクライナに武器援助をしようとしたが、それでは問題は解決しないとして、陸続きで繋がる欧州大陸の大国、ドイツとフランスが調停に乗り出した。メルケル首相は、アメリカの動きは事態の悪化を招くだけだと反発したのである。一方的にウクライナ政府に肩入れするアメリカと、ロシアとの良好な関係の維持に配慮するヨーロッパの状況認識の相違が印象的である。

こうして、2015年2月12日に、独仏の仲介で、ウクライナとロシアの間で、「ミンスク合意履行のための措置パッケージ」(ミンスク2)が成立した。

内容は、OSCE監視下での無条件の停戦、捕虜の解放、最前線からの重火器の撤退、東部2州に自治権を与えるための憲法改正などである。

問題はロシアが、自国は紛争当事国ではないので、この合意を履行する責任はないと主張していることである。ウクライナはロシアも交渉に参加した以上、履行義務があると反論している。

また、憲法を改正して東部2州に自治権、つまり「特別な地位を与える」こと、しかも、それを2つの「人民共和国」と「協議し、合意した上で」行うとしていることも問題である。これだと、双方の見解が対立して、いつまでも憲法改正ができないことになる。

しかも、「特別な地位」を付与する地域の範囲について、分離主義勢力はドネツク、ルハンシク両州の全域が含まれるべきだと主張しているのに対し、ウクライナ政府は両州の西側半分を支配しているので、この範囲をめぐる対立も解けない。

したがって、ミンスク2を履行することは極めて困難なのである。

この合意の後も、ウクライナ政府と親露派武装勢力は、お互いに相手が停戦合意に違反する行為を実行していると非難している。ロシア軍は、撤収や武器の撤去を実行しておらず、それへの反感から、ウクライナ政府は2つの人民共和国に対して「特別な地位」を付与する措置を講じていない。ロシアが100%悪くて、ウクライナが100%正しいとは断言できず、まさに水掛け論に陥ってしまうのである。

実際に、ミンスク2の後も、親露派勢力とウクライナ政府の間で小競り合いが続いた。つまり、事態の抜本的改善は見られなかったのである。

ミンスク2は2月15日から停戦が有効になるとしたが、2月12日以降も、さらに15日を過ぎてもデバルツェボでは戦闘が続き、2月18日にはウクライナ軍は撤退し、分離派が制圧した。また、マリウポリでもドネツク軍とウクライナのアゾフ大隊との間で戦闘が続けられた。

ロシア軍は様々な手段を使った偵察によってウクライナ軍の動きを把握し、分離主義勢力に情報を提供し、それが親露派の勝利につながった。

皮肉なことに、2022年2月のウクライナ侵攻では立場が逆転し、欧米の優れた情報・諜報能力によってウクライナ軍は支援され、ロシア軍の進軍が阻まれたのである。

2022年2月21日、ロシアはルガンスク人民共和国とドネツク人民共和国の独立を承認した。そして、翌22日には、プーチン大統領は、「ミンスク合意はもはや存在しない」と述べ、24日にはウクライナに侵攻したのである。

このミンスク合意について、ドイツのメルケル前首相は、２０２２年12月７日に公開されたドイツ紙『ディー・ツァイト（Die Zeit）』のインタビューで、「ウクライナが軍事力を強化するための『時間稼ぎ』を狙ったものだった」と語った。メルケルによれば、「２０１４年から15年にかけてのウクライナの軍事力は、今ほどではなかった」ので、軍事力の強化には時間が必要だったと述懐している。

これに対して、12月９日、プーチンは、「ドイツ政府は誠実に行動しているとずっと思っていたが、予想外のことで失望した。メルケルの言葉は、ロシアが人々を守るために特別軍事作戦を始めたことが正しかったことを証明するものだ。欧州諸国でさえ、どの国も合意を履行しようとせず、ウクライナを兵器で満たそうとしていただけだった」と述べた。そして、「このような発言の後では、どうすれば合意できるのか、合意する相手はいるのか、保証はあるのかという疑問が湧いてくる」と批判した。

プーチンは、「ウクライナ紛争を終わらせるためには最終的には合意を締結する必要がある」と述べている。しかし、クリミア半島の帰属一つをとっても、ロシアとウクライナの主張は真っ向からぶつかっており、合意に至る可能性はほとんどない。

2023年2月21日の年次教書演説でも、プーチンはさらに語気を強め、次のように述べている。


彼らは、将来の軍事行為の演出をマスターし、自分たちに従属させ、自分たちの手で奴隷化したウクライナの政権に大戦争に向けた準備をさせていたのである。

そして今、彼らはそれを公然と、あからさまに、恥じることなく認めているではないか。ミンスク合意も「ノルマンディー形式」も外交的なショーではったりだと言って、まるで自分たちの背信行為を誇り、楽しんでいるかのようだ。ドンバスが燃え、血が流され、ロシアが誠実に（私はこれを強調したい）平和的解決に邁進していた時に、彼らは人々の命を弄んでいたことが明らかになった。

この気色の悪い、ごまかしの方法は、これまでにも幾度も試されてきた。ユーゴスラビア、イラク、リビア、シリアを破壊した時も同じく、彼らは恥知らずで二重人格的に振舞った。この恥辱を彼らが洗い落とすことは決してないだろう。名誉、信頼、良識という概念は彼らにはない。（「Sputnik日本」より）

プーチンは、このように西側に対して絶対的不信感を抱いているのである。しかし、武力による威嚇、そして武力の行使を伴わない外交はロシアには通用しない。ブダペスト、ミンスクなどの覚書が単なる紙切れだったことが、それを如実に示している。

国際的合意が遵守されないとき、法ではなく武力が世界を支配することになる。

文明の衝突

親露派の分離独立勢力と、ウクライナ政府の対立が続く東部のドンバス州をどうするのか。ロシアが意図するのは、分離独立させた上でロシアに吸収することである。ドネツク人民共和国やルガンスク人民共和国に高度の自治権が付与されるだけでは、ロシア系武装勢力は武器を置かないであろう。紛争は続いていく。二度にわたるミンスク合意も功を奏しなかったのである。

ウクライナは国を東西に分割することには反対であり、国土の統一を死守するであろう。

両者の対立が続けば、紛争は長期化するであろうが、この問題を文明圏という観点から考えることも可能である。

サミュエル・ハンチントンは『文明の衝突』（原著1996年、邦訳1998年）の中で、1990年以降の世界について、西欧、イスラム、中国、ヒンドゥー、東方正教会、仏教、日本、ラテンアメリカ、アフリカの9つの文明圏を挙げた。「東方正教会」はロシア、ベラルーシ、ウクライナや旧ユーゴスラビアなどの文明圏である。中でもウクライナについては、「西ウクライナのヨーロッパ化したスラブ人」と「ロシア系スラブ人」との対立に言及し、それは文化の違いという。つまり、西欧文明と東方正教会文明が一つの国の中で対立しているとし、分裂の可能性があることにも言及している。

ハンチントンは、「ウクライナは異なる二つの文化からなる分裂国だ。西欧文明と東方正教会系の文明をへだてる断層線がウクライナの中心部を走っており、しかもその状態は何世紀もつづいている」と記している（参考文献㊲、250p）。

実際に、ウクライナがソ連邦から独立して以降の大統領選挙では、ロシア系と西欧系の代表による一騎打ちが行われた。1994年がそうであるし、先述した2004年、2010年もそうである。

ウクライナが統一を保ち、ロシアと良好な関係を維持していくことは東方正教会文明にとっては極めて重要であるが、2022年に始まったウクライナ戦争の後、そのような良好な関係に回帰することができるのであろうか。ソ連邦崩壊後、「西欧文明圏」に属するバルト三国やポーランドがNATOに加盟したケースに比べ、文明という観点からも、ウクライナのNATO加盟が多くの問題を孕んでいることが理解できる。

EU加盟についても同様である。持続可能な国際秩序の構築は、文明圏という観点からもこれから大きな課題となる。

ハンチントンは、ウクライナとロシアの将来の関係について、1995年時点で考えられる3つの可能性をあげている。

第一が、武力衝突であり、これが2022年に現実のものとなった。

第二が、ウクライナが分裂して2つの独立国となり、東側がロシアに吸収されるというシナリオである。これこそプーチンが望んでいることであるが、2022年時点で事態はそのようには進んでいない。ロシアによる侵略は、むしろウクライナ人の統一意識を強めている。

第三が、両国が良好な関係を維持していくシナリオである。歴史上何度も戦火を交えたドイツとフランスは今や和解し、EUの中核となっている。そのように、ロシアとウクライナが和解することによって、正教会世界の団結をもたらすことが期待されるのである。残念ながら、それとは対極的な状況が現実のものとなっている。ロシア正教会とウクライナ正教会の対立も深刻化している。

ロシアはヨーロッパではない

ウクライナ戦争を理解するためには、「ロシアはヨーロッパではない」という認識が不可欠である。

「文明の衝突」というハンチントンの考察に加えて興味深いのが、A・R・マイヤーズ（宮島直機訳）『中世ヨーロッパの身分制議会　新しいヨーロッパ像の試みⅡ』（刀水書房、原著1975年、邦訳1996年）の主張である。マイヤーズは東方正教会圏とカトリック教会圏を対比させ、後者がヨーロッパで、前者はヨーロッパではないと断言する。

13世紀以降のカトリック教会圏には、聖職者、貴族、都市民という身分（団体）が存在し、身分制議会が登場し、彼らが国王に対抗した。そして、自らの団体の権利を守るために、政治的自由や社会的規律を誕生させたという。この伝統を継承する地域がヨーロッパである。

一方、東方正教会圏には身分という考え方は生まれず、政治的自由も社会的規律も育たなかった。このような地域（ロシアやバルカン諸国など）はヨーロッパではない。

身分制議会が出現する前に、ツァーリが専政君主として登場し、貴族も皇帝に仕える役人にすぎなかった。ロシア帝国とは「無制限の独裁政治であった。無制限の独裁であったればこそ、大ロシア帝国は存在した」（日露戦争ポーツマス講和会議のロシア代表、ウィッテの言葉）のである。

第2章で述べたように、モンゴルの支配下に入る前のロシアの大都市には、自由民の家長が全員出席する「ヴェーチェ」と呼ばれる人民集会があった。しかし、これは定期的に開かれることはなく、きちんとしたルールもなく、身分制議会に発展する可能性はほとんどなかった。

1510年には、ヴェーチェはロシアから消えた。

もう一つ注目すべきは、ゼムスキー・ソボル（全国会議）である。これは1549年にイヴァン4世（雷帝）が召集した会議を嚆矢とする。この会議を構成するのは①貴族、政府高官からなる貴族会議、②高位聖職者からなる聖職者会議、③商人、町人の代表者である。

1566年のゼムスキー・ソボルはリヴォニア戦争を戦うための人的・物的資源があるかを調査するものであった。1598年には、リューリク王朝が断絶したために、モスクワ総主教がゼムスキー・ソボルを召集し、ボリス・ゴドゥノフをツァーリに選んだ。動乱の時代（スムータ）には、ゼムスキー・ソボルは国政上、大きな役割を果たした。

そして1613年には、ゼムスキー・ソボルがミハイル・ロマノフを皇帝に選び、ロマノフ王朝が始まった。「1613年以降の『ゼムスキー・ソボル』は、『ツァーリ』の政策に賛意を表したり、『ツァーリ』の政策に賛意を表明したり、『ツァーリ』に民情を伝えたり、請願を行ったりするだけの機関になってしまった」のである（参考文献㊱、44p）。

結局、ゼムスキー・ソボルが、ヨーロッパの身分制議会と同様な意味を持った時代は半世紀も続かなかったのである。

その後、ロマノフ家の支配が強固なものになっていくと、ゼムスキー・ソボルの役割は縮小の一途を辿った。スムータの不安定な時期を経験した国民は、世襲制に基づく強力なツァーリの必要性を痛感した。こうして、17世紀末からのピョートル大帝の時代には、ゼムスキー・ソボルは消滅したのである。

ゼムスキー・ソボルのような会議体が国政に大きな役割を果たすのは不安定で、国家が弱体化したときであり、それは好ましくない。強力な皇帝の下で、安定した統治が行われ、ゼムスキー・ソボルや国会はツァーリの単なる支援機関となるのが「良い時代」なのである。

それは今のロシアについても同じで、国会（ドゥーマ）は「現代のツァーリ」プーチンの決定を追認する機関となっている。プーチンもまた、そのような認識である。

それは、身分制議会が発展し、強力な議会となって行政権を掣肘するヨーロッパとは異なる統治である。その意味で、ロシアはヨーロッパではない。21世紀になっても、ロシアはモンテスキューの三権分立の思想などとは無縁な世界である。

自由も規律もない所では、圧政と民族間の憎悪が支配的となる。今日のウクライナの惨状は、ユーゴスラビア解体の過程で見たようなバルカン半島における民族間の残虐な殺戮行為と二重写しになる。

なぜバルカンで忌まわしい民族紛争が展開されたのか。バルカンでは様々な「文明の衝突」が繰り返され、古くから憎悪が蓄積されてきた。「ビザンチン帝国から始まり、オスマン・トルコ帝国からソビエト帝国へと、専制と衰運の毒がまわってきた」のである（参考文献㊷、418～419p）。

まさに、暴力が歴史の重要な要素であり、バルカン半島は「ヨーロッパの火薬庫」と称されたのである。ユーゴスラビア解体については、独自の社会主義制度の問題、経済悪化、ナショナリズムを駆り立てるミロシェビッチのような政治家の存在など様々な要因がある。そして、「ボスニア、ユーゴ、バルカンにおける暴力は、ヨーロッパの近代史に潜む問題に他ならない」ということもできる（参考文献㊶、256p）。

しかしながら、文明論的要因もまた無視できないであろう。東方正教会文明圏の特質からくる視点も重要である。

ロシア正教会のトップ、モスクワ総主教のキリル1世は、ロシアの内外の敵と戦うために、プーチンと共に団結せよと訴えている。ウクライナ正教会はこれと真っ向から対立している。今や東方正教会も分裂してしまった。

プーチンは東方正教会文明が生み出した現代のツァーリであるという認識が必要である。ヨーロッパの政治家とは違うのである。

ロシアの国民性：忍従と持久力

2022年4月12日、プーチン大統領は、極東アムール州のボストーチヌイ宇宙基地で、ベラルーシのルカシェンコ大統領と共同記者会見を行った。これは2月24日のウクライナ侵攻以降初の記者会見であったが、プーチンは、経済制裁に対して「困難な状況下でロシア人は常に団結する。われわれはこの困難に対処していく」と述べた。さらに「大国ロシアを孤立させようとする試みは失敗する」と強調し、ウクライナでの軍事作戦の目標が達成されると自信を示した。また停戦交渉については、3月29日のイスタンブール協議の合意をウクライナ側が翻したとして、行き詰まっているという認識を示した。

この発言に見られるのは、資源大国であることとの強みを誇示し、同時に命令には絶対に服従し、苦難を耐え忍ぶ国民性が追い風になっているという確信である。

ロシアの独立系世論調査機関の世論調査で、当時のプーチンの支持率が83%と高かったのは、単に政府のプロパガンダが効いているのみならず、ロシア人のナショナリズムを刺激しているからである。ロシア国民は「現代のツァーリ」プーチンに、絶対服従なのである。

ハンス・モーゲンソーは、その古典的名著『国際政治』の中で、ロシアの国民性に触れて、1851〜52年にロシアに駐在したアメリカ公使の言葉を引用している。

ロシア人が世界を征服する運命にあるという奇妙な迷信が、ロシア人の間で行き渡っている。こうした運命観とその光栄ある報酬という考えに基づいて軍人に訴えれば、それが無駄に終わることはめったにない。最大の苦境のまっただなかにおかれているロシア兵を特徴付けている、あの驚くべき忍従と持久力は、この種の甘受に原因があった。（参考文献㊸、142p）

これは、現在のロシア人にも十分に当てはまるものである。過去数世紀にわたって、軍事優先のために消費財が絶望的に不足し、苦しい生活を続けてきたロシア国民にとって、ゆとりが出てきたのはこの20年のことである。「忍従」の国民性が根本から変わってしまったわけではない。

プーチンとヒトラー

プーチンはアメリカの一極支配に対抗すべく、親露派の国々の結束を図っている。NATOやEUが主導する世界に対抗して、現代版のワルシャワ条約機構軍やコメコンの再構築に余念がない。

2021年12月25日、ソ連邦解体から30年が経った。15の共和国から成る大国がバラバラになり、各国が独立したが、ロシアでは強国であったソ連時代を懐かしむ国民が過半数を占めて

図5-1　ブカレスト9

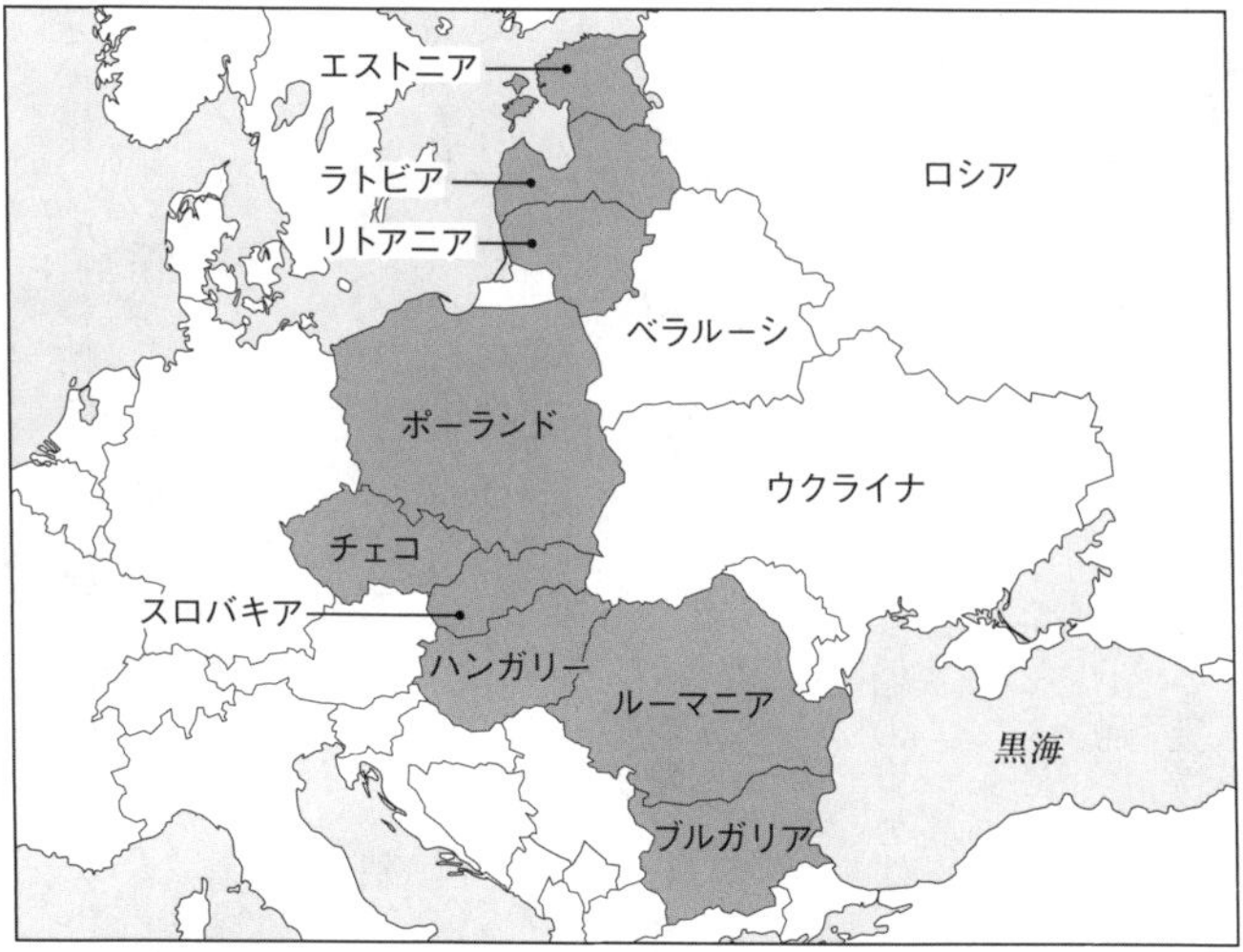

NATOに加盟している9つの中欧・東欧諸国が協力し、NATOのミッションや目的を支援するために設立された枠組み。参加国はルーマニア、ブルガリア、ハンガリー、チェコ、スロバキア、ポーランドとバルト三国（エストニア、ラトビア、リトアニア）。

いる。とくに、旧ワルシャワ条約機構を構成していたソ連・東欧の国々が西側の安全保障組織であるNATOに次々と加盟し、ロシア包囲網を形成していることには不安を抱いている。

ソ連邦解体後にNATOに加盟した東欧諸国、エストニア、ラトビア、リトアニア、ポーランド、チェコ、スロバキア、ハンガリー、ルーマニア、ブルガリアの9カ国が2015年に設立した協力機構を「ブカレスト9」というが、これらの国を地図上で色づけすると、ロシアと西欧を隔てる大きな壁のように見える。

その壁の前に緩衝国として残っているのがベラルーシとウクライナである。ベラルーシは親ロシア路線を採っているが、ウクライナはNATOへの加盟を目論んでいる。この挑戦を軍事力によって潰そうとしているのがプーチンなのである。

ソ連邦解体後のロシアは、第一次世界大戦で敗れ、領土を削減され、苛酷な賠償金を科され、再軍備も禁じられたドイツに似ている。賠償金の支払いは経済を圧迫し、ハイパーインフレは人々に塗炭の苦しみを味わわせた。その国民の不満に訴えて登場したのが、ナチスを率いるヒトラーであった。

賠償金支払い拒否、領土回復、再軍備、失業解消をスローガンに、自由で民主的な選挙によって勢力を拡大し、遂に1933年1月に政権に就くのである。

ロシア・ナショナリズムに訴え、屈辱の30年に終止符を打つべく、かつてのソ連帝国の再興を図ろうとしているプーチン大統領の姿勢は、ドイツの栄光を再確立しようとしたヒトラーと相通じるものがある。

ドイツ人は一つの国にまとまるべきだという大ドイツ主義を唱えるナチスは、国際連盟管理下にあった独仏国境のザール地方の帰属を決める住民投票に全力を挙げ、1935年1月の住民投票で「ドイツ帰属」90・8%を獲得し、ドイツへの帰還を実現させる。もともとドイツ人が住んでいた場所であり、この結果は当然なのであるが、平和裏に領土を回復したことを「ヒトラー外交の成果」として宣伝するのである。ドイツは、3月には徴兵制を再導入し、再軍備を決め、1年後の１９３６年3月には非武装地帯のラインラントへ進駐した。

大ドイツ主義のヒトラーは、次の標的としてオーストリアを狙い、１９３８年3月に独墺合邦（アンシュルス）を成し遂げる。ドイツと同様に、オーストリア・ハンガリー帝国も第一次世界大戦の敗戦国であり、オーストリア国民も熱狂的にヒトラーを支持したのである。

このアンシュルスに刺激されたのがチェコスロバキアのズデーテン地方に住むドイツ人で、ドイツへの帰還を求める運動を起こす。この問題の調停にチェンバレン英首相が乗り出し、9月にミュンヘンで、英（チェンバレン）独（ヒトラー）仏（ダラディエ）伊（ムッソリーニ）の首脳が集まって協議する。これが史上有名なミュンヘン会談で、ズデーテン地方のドイツへの割譲が決まった。「ミュンヘンの宥和」である。

ヒトラーの行動を正当化したのは、アメリカのウィルソン大統領が高らかにうたった民族自決主義である。

ミュンヘン会談で世界平和は保たれたと思った矢先の１９３９年3月、ヒトラーはチェコスロバキアを併合し、その半年後には第二次世界大戦を始める。

２０１４年3月にロシアはクリミア半島を併合するが、まずは住民投票を行い、クリミアに独立宣言をさせ、独立国家としてロシアと併合させたのである。

先述したヒトラー時代のザール地方に似ているが、ザールの住民投票は国際連盟が行ったものである。しかし、クリミアの住民投票は国際的に承認されておらず、ウクライナ憲法にも違反している。

ドイツとオーストリアを合併させたり、チェコスロバキアのズデーテン地方をドイツ人が住む地域として強引にドイツに割譲させたりしたヒトラーの手法と同じである。まさに、「ロシア民族を救え」という民族自決主義の亡霊がさまよっている。

そして、次なるプーチンの標的はウクライナ東部のロシア人居住地域である。その地域をロシアに併合すれば、ズデーテン地方のドイツ併合と同じであり、ウクライナ全土を占領すればチェコスロバキア併合と同じである。その歴史が繰り返されれば、第三次世界大戦の引き金となりうる。

欧米型システムに対抗する中露のシステム

経済制裁に関して、大きな重みを占めるのが中国である。中国は、経済制裁には反対し、ロシアの安全保障上の懸念には理解を示している。共同してアメリカからの圧力に対応せねばならないからである。

中露の経済関係は緊密であり、２０２２年の中国の貿易相手国については、ＪＥＴＲＯによると、ロシアは輸出額で16位、輸入額では7位である。そして、２０２２年の中露貿易は前年比2桁増で、とくに建設機械や貨物自動車ではロシアが中国の最大の輸出国となっている。

停戦交渉の行方、そして停戦後の新しい国際秩序の構築に中国がどのような形で関与してくるか、極めて重要な課題である。


その関連で、ロシアや中国が中心となって進める経済協力体の今後の展開が気にかかる。

ユーラシア経済連合（ＥＥＵ、ＥＡＥＵ）とは、２０１５年に発足した地域経済共同体で、ベラルーシ、カザフスタン、ロシア、アルメニア、キルギスが加盟国である。ＥＵに対抗する経済協力体樹立を狙ったプーチンの構想だが、ウクライナはＥＡＥＵにはそっぽを向き、ＥＵに接近した。ウクライナを何としてもＥＡＥＵに加盟させたかったプーチンを裏切ったことが、ロシアのウクライナ侵攻の背景の一つである。

ところで、注目に値するのは、上海協力機構（ＳＣＯ）である。これは、中国、ロシア、カザフスタン、キルギス、タジキスタン、ウズベキスタン、インド、パキスタン、イランの9カ国で構成される安全保障、経済、文化の協力システムである。

中国とロシアは、1991年のソ連邦の解体に伴って不安定になった中央アジアを管理する意向があり、また中露経済関係を強化する必要を感じていた。1996年4月に中国、ロシア、カザフスタン、キルギス、タジキスタンの5カ国が集まった上海での会合が出発点で、2001年にウズベキスタンを加えてSCOが正式に発足した。2017年にインドとパキスタンが加わり、またモンゴル、イラン、ベラルーシ、アフガニスタンが準加盟国（オブザーバー）となった。2021年にはイランが正式加盟国となった。

さらに、スリランカ、トルコ、アゼルバイジャン、アルメニア、カンボジア、ネパールが対話パートナーとなっており、その他、多くの国が加盟の意向を示している。

SCOは、プーチンの構想であるEAEUと習近平《シーチンピン》の描く「一帯一路」をともに実現させるための有力な国際協力システムとなりうるものである。しかし、実際の機能も国際的影響力も、西側の発案であるEUやNATOには及ばない。今後、どのような形で発展していくかは不明であるが、イスラム教国を数多く含んでいることに、テロとの戦いなどで重要な意味を持ちうるだろう。

米ソ冷戦の終焉で、資本主義と社会主義の対決図式には勝負がついたが、キリスト教とイスラム教の「宗教戦争」は鎮静化していない。その点からも、SCOの存在は無視できないであろう。

ウクライナ戦争がどういう結末になるにしろ、ロシアの地位の相対的低下は免れないであろう。アメリカと中国という二大強国が世界の覇権をめぐって争う時代の到来は決定的となりそうである。

親ロシア地域でも揺らぎ

ウクライナ侵攻から2カ月が経過してもロシアは期待した戦果をあげられず、2022年5月9日の対独戦勝記念日では、プーチンは、ウクライナ侵攻を正当化することに終始した。ナチスを倒したソ連軍を称え、ゼレンスキー政権をナチスと規定して、戦争を継続することを明らかにした。ロシア人のナショナリズムに訴える手法は成果をあげ、プーチン支持率は74%と、なお高い水準を維持した。

しかし、ウクライナ周辺の旧ソ連地域を見渡せば、ウクライナの現状を見て、多くの地域がロシアとの紐帯を緩めようとしている。

ジョージア（旧・グルジア）の親露派、南オセチアでは、2022年5月8日に大統領選の決選投票が行われたが、ロシアへの編入を実施するという現職のアナトリー・ビビロフ候補が、編入慎重派のアラン・ガグロエフ候補に敗北した。43%対54%という得票率であった。

南オセチアは、ウクライナに展開するロシア軍に協力するために戦闘員を派遣したが、戦死者が出たことが、現職への批判につながったようである。

ガグロエフ政権が親ロシア路線を継続することは間違いないが、ロシアへの編入に慎重になったことは変化への兆しかもしれない。

さらには、カザフスタンの動向も気にかかる。2022年1月、カザフスタンでは、燃料価格の高騰に抗議するデモが暴徒化したが、トカエフ大統領は、ロシア主導の軍事同盟である「集団安全保障条約機構（CSTO）」に治安部隊を派遣するように要請した。これに応じてロシアの精鋭部隊がカザフスタンに入り、事態を鎮静化させた。任務を完了したロシア軍は、その後に撤退している。

CSTOは、ソ連邦崩壊後の1992年5月にロシア、アルメニア、カザフスタン、キルギス、タジキスタン、ウズベキスタンが組織したものである。翌1993年にアゼルバイジャン、グルジア（現・ジョージア）、ベラルーシが加盟し、1994年4月に発効した。その後、離脱する国も出てきて、現在は、ロシア、アルメニア、ベラルーシ、カザフスタン、キルギス、タジキスタンの6カ国が加盟している。

ジョージアは、NATO加盟を目指し、また先述したように親露派分離勢力をかかえてロシアと対立している。

ロシアによるウクライナ侵攻は、西側諸国による経済制裁を招き、それは親露派諸国にも影響を与えている。カザフスタンでは、ウクライナ情勢、そして、経済制裁に伴う小麦や砂糖の禁輸を前にして、CSTOやEAEUから脱退すべきだという声もあがり始めている。中央アジアの大国、カザフスタンの今後の動きも要注意である。

ウクライナはEUに加盟できるのか

2022年6月11日、EUのフォン・デア・ライエン委員長は、キーウでゼレンスキー大統領と会談し、ウクライナのEU加盟について議論した。そもそも基本的な問題は、ウクライナがEUに加盟する資格があるのかどうかということである。

他にも長年にわたって加盟待ち、審査待ちの国があるのであり、ウクライナのみを政治的配慮から優遇することは問題である。たとえば、トルコは1987年に加盟を申請している。フィンランドとスウェーデンのNATO加盟に反対してきたのも、取引材料としてEU加盟承認を持ち出したいからであった。

1993年6月に、EUは「コペンハーゲン基準」と呼ばれる加盟基準要件を設定した。第一は地理的要件で、ヨーロッパの国であることだ。第二は政治的・法的要件で、法治国家、民主主義、基本的人権の保護、少数派の保護を保障する安定した制度を備えていることである。第三は経済的要件で、市場経済が機能しており、EU内の競争力と市場力に耐えうることである。第四は、ＥＵ法の総体系を受け入れることである。

加盟までの段取りは、まずは加盟国候補に認定されることであるが、ウクライナはモルドバとともに、２０２２年6月23日に加盟候補国に承認された。その後、欧州委員会は、ウクライナがコペンハーゲン基準を遵守する能力があるかどうかの意見書を作成する。その上で、ＥＵ理事会で加盟国全会一致の賛成を得なければならない。

ウクライナの現状を見たときに、ロシア系などの少数派に対して「尊重と保護」を保障しているかどうか疑問符が付けられよう。その他、経済的要件、汚職のないクリーンな政治などの要件も十分に満たしているとは言いがたい。

バルカン諸国では加盟が順番待ちの状況である。２００４年にスロベニア、２０１３年にクロアチアが加盟したが、その後は進んでいない。括弧内に申請時期を記したが、古い順に併記すると、北マケドニア（２００４年3月）、モンテネグロ（２００８年12月）、アルバニア（２００９年4月）、セルビア（２００９年12月）、ボスニア・ヘルツェゴビナ（２０１６年2月）である。加盟候補国に認定されたのは、それぞれ２００５年12月、２０１０年12月、２０１４年6月、２０１２年3月、ボスニア・ヘルツェゴビナはまだである。さらに加盟交渉が開始されたのは、モンテネグロとセルビアのみで、前者が２０１２年12月、後者が２０１５年12月であった。

このように時間がかかるのは、ＥＵ法の総体系35章を全て受け入れ、国内法に取り込まなければならないからである。それが完了しているかどうかを、各章ごとに審査しなければならないので、時間が必要なのである。加盟条件を全て満たし、欧州議会の承認を得て、全加盟国と候補国が批准してはじめて正式加盟となる。

ロシアに侵略されたウクライナへの同情心から、以上のようなルールを無視してウクライナのみを政治的に優遇することは、公平の観点から問題であるし、他の加盟待ちの国々は不満を持つだろう。そのような二重基準（ダブルスタンダード）は、ＥＵの国際的な評価にも関わってくる。

民主主義vs.権威主義

どういう形で戦争が終結するかは見通せないが、ロシアが大勝利を収めて、その国力、国際的地位が向上することはなさそうである。その後のロシアの政治体制がどうなるかも分からないが、欧米の民主主義体制の対抗軸となるのは不可能なような気がする。

そこで、権威主義体制の実質的な指導国となるのが中国である。ＩＭＦによると、経済的にはＧＤＰ（２０２１年）で世界第2位（約17・５兆ドル）であり、世界11位のロシア（１・7兆ドル）の約10倍である。因みにトップのアメリカが22・９兆ドル、３位の日本が４・９兆ドルである。

グローバル・ファイヤーパワーの分析によると、２０２１年の軍事力ランキングで、１位がアメリカ（軍事力指数０・０７１８）、２位がロシア（０・０７９１）、３位が中国（０・０８５４）、4位がインド（０・１２０７）、5位が日本（０・１５９９）である。最近の中国の軍拡を見ると、ロシアを追い抜くのは時間の問題のようだ。しかも、ウクライナ戦争でロシア軍の消耗は甚だしく、戦争前の状況に回復するには時間が必要である。

21世紀になってから、世界で民主主義が退潮している。残念なことである。

V-Dem Institute が公表した "Democracy Report 2022" によると、権威主義体制の国で生活している人は、２０１１年には世界人口の49％であったが、10年後の２０２１年には70％に増えている。

民主主義の拡大こそ人類の進歩と確信していた者にとっては、ショッキングなデータである。歴史を振り返ると、１９３０年代はドイツでヒトラーが政権の座に就くなど、権威主義国家が増えていった。当時は、日本もイタリアも権威主義国家群に属していた。

しかし、第二次世界大戦後は、日本、イタリア、西ドイツも民主主義国家となり、民主主義が世界に拡大していった。とくにアジアやアフリカの発展途上国では、ソ連型の社会主義の道を選択する国家もあったが、アメリカ陣営を選ぶ国家もまたあった。

ただ、西側ブロックに属していても、民主主義を実行していた国ばかりではない。たとえば、北朝鮮と対峙する韓国は、開発独裁と呼ばれる権威主義体制であった。マルコス（父）政権下のフィリピンもそうであった。

東西冷戦時代には、民主主義陣営が約40％、権威主義陣営が約60％の状態が続いた。しかし、経済発展が進むと、開発独裁の国々も民主主義へと移行していった。さらに、1989年にベルリンの壁が崩壊し、2年後にソ連邦が解体すると、東欧諸国が民主化していった。その結果、21世紀になると、民主主義陣営の人口が約55％となって、権威主義陣営の約45％よりも多くなったのである。

東西冷戦の終焉がもたらした朗報であった。しかし、状況は2010年代に変化し始める。権威主義の中国が経済発展を遂げ、2010年にはGDPで日本を追い抜き、アメリカに次いで世界第2位に躍り出た。

米ソ冷戦が終わったときには、民主主義でなければ経済発展はしないという認識が一般的であった。ところが、共産主義独裁国家である中国が、目覚ましい経済発展を遂げたのである。それに対して、欧米や日本の経済は低迷し、しかもポピュリズムが社会を分断させた。トランプ政権の誕生やイギリスのEU離脱などが、その典型である。このような状況は、発展途上国にとっては、民主主義が魅力の乏しい体制になってしまったことを意味する。

しかも、民主主義国家は、政策決定に時間がかかりすぎる。それは民主主義の欠陥であり、迅速性、効率性では独裁国家に敵わない。プーチン政権下のロシアは権威主義国家であり、三権分立は存在していないと言っても過言ではない。ウクライナ戦争の過程で見てきたように、議会は大統領の決定を追認するだけの機関となっている。

民主主義が基本的人権を守る体制であるのみならず、経済を発展させる仕組みであることも実証しなければ、権威主義国家との戦いに勝てなくなる。

なぜ天然ガスパイプラインを建設したのか

西ヨーロッパ諸国は、ロシアの安価な天然ガスをパイプラインで輸入することによって経済的負担を軽減し、ロシアもそれによって外貨を稼ぐという互恵関係にあった。そして、その絆が戦争を阻止すると信じられていた。ところが、２０２２年のロシアのウクライナ侵攻は、それが幻想だったことを明らかにしたのである。

軍事的に見れば、第二次世界大戦後の世界はアメリカとソ連という2つの核大国の対立を軸としてきた。核兵器の抑止力によって世界戦争を防ぐという「恐怖の均衡」によって、二大強国間の平和が保たれてきたのである。

軍事的な緊張を緩和するためには、経済や文化の分野での協力関係を発展させることが有効であった。ソ連には石油や天然ガス、また小麦などの食料資源が豊富にある。とりわけエネルギー資源については、西ヨーロッパは、中東への依存度を緩和するためにも、ソ連からの輸入を増やし、輸入元も多元化することに努力した。ソ連にとっても、西ヨーロッパに輸出することによって外貨を稼ぐことができた。

そこで、陸続きのメリットを活かしてパイプラインを敷設して、ソ連から天然ガスの輸出を促進しようという動きが1960年代に起こる。まずは、中立国のオーストリアに対して1968年9月からチェコスロバキア経由で天然ガスの供給を開始した。ソ連が目をつけた本命は西ドイツである。パイプライン関連の最新技術や潤沢な資金を期待することができるからである。

1969年には、SPD（社会民主党）のヴィリー・ブラントが西ドイツの首相に就任し、ソ連圏との関係改善を図ろうという東方外交を展開した。その一環として、ソ連から天然ガスを輸入する契約を1970年2月1日に締結するのである。1970年代のデタント時代にはソ連・西欧間の貿易額が増えている。

1973年5月にはチェコスロバキア経由のパイプラインが東西両ドイツに到達する。本格的に西シベリアから西ヨーロッパへの天然ガスの供給が始まるのは1984年1月1日である。

天然ガス輸出については、ソ連は極めて現実主義的であり、政治的イデオロギーは横に置いて、経済的利益の追求に走ったのである。

このようなソ連・西ヨーロッパの動きについて、アメリカはソ連へのエネルギー依存の危険性を指摘した。とくに、「強いアメリカ」の復活を旗印に1981年に発足したレーガン政権は、エネルギー依存が政治的武器として使われ、外貨の提供はソ連を強化するという理由で、天然ガスパイプライン計画に反対したのである。

たとえば、ポーランドが戒厳令を施行したことに反発して、1981年12月13日に対ポーランド制裁を発表した。そして12月29日には、石油・天然ガス開発関連機器の対ソ禁輸などの対ソ制裁を決定している。さらに翌1982年6月18日には対ソ経済制裁を強化し、海外のアメリカ系子会社や米国籍企業からライセンスを受けて生産される石油・天然ガス開発関連機器まで対ソ禁輸の対象としたのである。

しかし、西ドイツやイタリア、フランスなどのヨーロッパ諸国は、ソ連と相互依存関係を築くことが逆に平和に繋がると主張した。そしてその主張を具体化したパイプライン計画は、ブラント政権後も、シュミット首相や、ドイツ統一後はメルケル首相など歴代政権に引き継がれていった。

こうして、レーガンの対ソ経済制裁にもかかわらず、ソ連の西シベリア天然ガス開発計画は進行し、ウレンゴイ天然ガス田とフランス、西ドイツなど、西欧10カ国を結ぶパイプライン

（全長5500キロ）が1985年に完成した。1984年1月1日から前倒しで、一部の輸送が始まっている。

結局対ソ制裁は成功しなかったのであり、レーガン政権は1983年11月13日に対ソ経済制裁を解除している。

対ソ経済制裁をめぐるアメリカとヨーロッパの対立の背景には、1970年代のデタント時代に構築された西欧とソ連・東欧との経済関係がある。また、ヨーロッパは、代替エネルギーの供給に協力的でないアメリカに対して不満を募らせていた。

ヨーロッパ諸国が安価なソ連の天然ガスに目をつけたのは、エネルギー需要の高まりに対応せねばならなかったからである。ところが、エネルギー大国アメリカは代替エネルギーを提供することもなく、ヨーロッパを助けようとはしなかった。そのこともヨーロッパがソ連の天然ガスを選択した背景にあることを忘れてはならない。

こうして、ヨーロッパとアメリカの対立が解けないまま、2022年のロシアによるウクライナ侵攻を迎えたのである。この時点で、ヨーロッパは、エネルギー供給をロシアの石油、石炭、天然ガスに大きく依存していた。

原発ゼロのイタリアは、CO_2排出量の少ない天然ガスに電源の49・1％を依存しており、石炭は6・1%、石油は3・7%である。ドイツは石炭が30・0%、石油が0・8%、天然ガスが15・3%である。

ドイツは天然ガスの55%、石油の42%を、イタリアは天然ガスの40%をロシアから輸入していた。EU全体の比率は、天然ガスが45%、石油が27%であった。

アメリカが要求するようにロシア産の石油や天然ガスを禁輸すれば、EUは生存を脅かされてしまうのである。

ウクライナ戦争に際しても、アメリカはEUに対してロシア産エネルギーの禁輸を求めたが、自らはエネルギー面でEUを支援していない。アメリカは、結局は自国の国益を優先することしか考えていないのではないかとEUが怒るのも当然である。

ロシアのウクライナ侵略に対して、EUは2027年までにロシア産エネルギー源への依存率をゼロにするという方針を決定した。短期間にこの目標を達成せねばならないが、再生可能エネルギーは、安定供給や価格の面で問題が多いし、原発への回帰には根強い反対がある。

東アジアの天然ガス事業「サハリン2」については、日本は今後とも参加し続ける。サハリン2からの天然ガスは、日本のLNG輸入量の8・9%を占めており、この供給停止は、日本にとって大きな痛手になるからである。サハリン2の年間LNG出荷量960万トンのうち約半分の500万トンは日本向けの輸出である。

ウクライナ侵攻というプーチンの国際法違反は、デタントの基礎となった相互依存関係を粉砕したのであり、それがこれからの国際秩序の形成に大きな影響を与えることになる。

日本周辺の国際情勢も焦げ臭くなっている。北朝鮮はミサイル発射実験を異常な頻度で繰返しており、また中国は世界の覇権をアメリカから奪い取るべく軍拡に力を注いでいる。日本と中国は、経済的には深い相互依存関係にあるが、経済安全保障という観点からは、部品の中国依存から脱却することが求められている。アメリカは、既にその方向に舵を切っている。

日本もその動きに追随するとすれば、日米欧の民主主義体制と中露の権威主義体制との対立・断絶はますます深まることになる。第三次世界大戦の勃発を避けるためには、どのような国際秩序を構築せねばならないのか。人類の生き残りのための重い課題である。

ノルドストリームの命運

ロシアからドイツに海底パイプラインで天然ガスを運ぶ「ノルドストリーム（NS：Nord Stream）」は2011年11月8日に稼働を開始した。

これに加えて、ドイツとロシアは、2015年5月に「ノルドストリーム2（NS2）」の建設に合意した。アメリカは、この建設計画に対して安全保障上の問題があると反対してきたが、その間も建設は進められ、2021年夏にはほぼ完成した。そのため、バイデン政権は方針を転換し、7月21日完成を容認する米独共同声明を発表した。ドイツとの同盟関係を重視したためである。

2014年にクリミアをロシアに奪われたウクライナにしてみれば、このノルドストリーム2計画は許しがたいものであった。ウクライナは、ロシアからヨーロッパ諸国へのガス輸出の経由地であり、ノルドストリーム2の稼働により通過料金収入が減るし、ウクライナ経由の輸送を止めるというロシアの圧力行使に繋がるからである。

そのウクライナの危惧に応えるために、米独共同声明では、ロシアがエネルギー供給を武器として使った場合には制裁を科すこと、ウクライナの再生可能エネルギー転換を支援するため米独で10億ドル（約1100億円）を拠出して基金を設立することなどを決めている。

ところが、ロシアが東部2州の独立を承認したことに反発したドイツは、ウクライナ侵攻が秒読みとなった2022年2月22日、ノルドストリーム2の計画中断を決めている。

戦争が始まってから、ロシアが稼働中のノルドストリームを止めるのではないかという観測もあったが、プーチンはこれを否定し、石油・天然ガスの供給は継続すると明言した。止めれば、外貨収入を失うからである。しかし、西側による経済制裁に反発するロシアは、8月にノルドストリームからのガス供給を完全に停止したのである。

ノルドストリームが使用不可能となれば、ウクライナ経由の陸上パイプライン2本のみしか期待できないことになる。

その後、9月26日にノルドストリームが爆発した。ノルドストリームとノルドストリーム2に4カ所の損傷が見つかり、海底のガス管から天然ガスが漏れ出した。

デンマークやスウェーデンのEEZの中であるが、ヨーロッパ諸国は、ロシアによる破壊工作だとの見方を強めた。一方、ロシアは、自分たちにとっては何の得にもならないことだとして、破壊工作を否定した。爆発で海水がガス管内部に流入し、腐敗が進んでいけば、復旧が困難になることも考えられる。

この爆破事件について、アメリカの著名な記者、シーモア・ハーシュが2023年2月8日、自らのブログに、爆破を実行したのはアメリカだったという暴露記事を掲載したのである。ドイツのロシア依存を止めさせるための策略だったという。

計画は2021年12月頃に立案され、ノルウェーも協力して、翌年6月に軍事演習「BALTOP22（バルチック作戦22）」を利用して爆弾をパイプラインに仕掛けた。そして、9月26日にノルウェー海軍の偵察機がソノブイを投下し、爆弾を起動させたという。

アメリカは捏造だとして、この記事の内容を否定しているが、このような工作はあり得る話である。日本人は、ロシアからの情報が全て作り話で、アメリカやウクライナからの情報が全て正しいと信じ込んでいるが、両サイドで謀略合戦を行っていることを認識すべきである。

ニューヨーク・タイムズは、2023年3月7日付けで、ノルドストリーム爆破事件は、ウクライナを支持するグループによる破壊工作だったことを示す情報があると報じた。ゼレンスキーや側近が関与した形跡やウクライナ政府関係者の指示で実行されたことを示す証拠はないという。プーチンに敵対するロシア人も加わっている可能性もあるという。

ドイツ公共放送ARDなどが作る調査報道グループは、検察の捜査内容として、「ウクライナ人が経営する会社から国籍不明の男女6人がヨットを借り爆弾を仕掛けた」と報じている。

真相は不明だが、ロシアと戦争中であること、またパイプラインがウクライナを経由したほうがウクライナの収入になることなどを考えると、ウクライナを支援する者による犯行であることは十分に考えられる。

第6章　戦争の展開

2022年2月24日、ロシア軍はウクライナに侵攻した。21世紀の世界で、国連安全保障理事会の常任理事国が他国を侵略することなど想定した人はあまりいないだろう。戦争は1年経ってもまだ続いている。戦争の経緯を振り返ってみよう。

「特別軍事作戦」の開始

2022年の幕開けとともに、ウクライナ情勢が緊迫化してきた。ロシアは国境地帯に10万人規模の軍隊を展開し、演習を繰り返し、命令が下れば、直ちに国境を突破し、ウクライナに進撃する用意を整えた。

ウクライナのNATO加盟こそ、プーチンにとっては「越えてはならない一線」であり、国境地帯に部隊を展開させて牽制したのである。

ロシアの要求は、「これ以上NATO加盟国を増やさないこと」に尽きた。それさえ文書で保証してくれれば、国境地帯の軍を撤退させる意向を示した。また、ロシアは自国の近隣諸国へアメリカやNATOの兵器、とくに核兵器やミサイルを配備しないことを求めた。

しかし、アメリカは、NATOに加盟するかどうかは各主権国家が決めることであり、他国が指図できるものではないと主張した。

2月10〜20日には、ロシアはベラルーシと合同軍事演習を行った。ウクライナの北隣がベラルーシであり、国境線は1000キロにも及ぶ。この合同演習もまた、ウクライナへの圧力である。ロシア軍は、演習後もベラルーシから撤収せずに居残ることを明らかにした。

2月20日に北京五輪が閉幕し、ロシア・ベラルーシの合同軍事演習が終了した。その翌日の21日、プーチンは、ウクライナ東部のルハンシク、ドネツク両州のうち、親露派武装勢力が実効支配している地域（それぞれ、ルガンスク人民共和国、ドネツク人民共和国を標榜）を国家承認した。

24日早朝、プーチンは、この両国がウクライナ政府軍から攻撃されているとして、「特別な軍事作戦を実施」することを表明した。これに対して、アメリカはロシアによるウクライナ侵攻が事実上始まったとして、経済制裁を科すことを決め、イギリスやEU、日本などが同様な措置を採った。

そして24日、プーチンは宣言した通り、「特別な軍事作戦」の実施に踏み切った。その電光石火ぶりは世界を驚かせたが、周到に計画された軍事作戦であったことは明白である。

ロシア軍はウクライナに侵攻した。主要な軍事施設をミサイルなどで攻撃し、空港や防空システムを破壊した。その上で、空からの援護を受けながら、全土にわたって戦車で制圧し始めた。クリミア半島・黒海から海軍も参加した。プーチンの狙いは、ゼレンスキー政権の転覆と親露政権の樹立である。

しかし、ウクライナ側は必死に抵抗し、早期決着というプーチンの目論見は外れてしまった。

ロシアは、経済制裁に対しては強力な対抗措置を採ると反撃した。ヨーロッパ諸国はロシアの天然ガスに大きく依存しており、その供給が断たれれば日常生活が麻痺する。実際に、原油価格も24日には1バレル＝100ドルの大台を突破し、世界経済に深刻な影響を与え始めた。

ロシア軍は、24日のうちにチェルノブイリ原子力発電所を占拠するなどしながら、キーウへ進軍した。翌日には国連安保理でロシア非難決議案が採決されたが、ロシアは拒否権を行使した。そのため国連安保理は機能せず、また、国連総会の決議は強制力を持たなかった。

停戦協議の開始と進捗

戦闘と同時に、ロシアとウクライナの間で停戦協議が開始された。1回目は2月28日に、ウクライナ国境に近いベラルーシのゴメリで行われた。その後、2回目は3月3日、3回目は3月7日に実施された。3月14日には、オンラインで4回目の交渉が行われた。そして、5回目は、3月29日にトルコの仲介で、イスタンブールで開催された。

最初の2月28日の協議では、停戦合意には至らなかった。ロシア軍の即時撤兵を要求するウクライナ側とウクライナの非武装化・中立化を求めるロシアの主張が大きくかけ離れており、話し合いが纏まるのは無理であった。

3月3日に行われた2回目の会談では、民間人避難のためのルート、「人道回廊」を設定することで同意した。3月7日にも停戦協議は行われた。また、ロシアとウクライナの停戦交渉やフランス、ドイツ、トルコ、イスラエルなどによる仲介の努力も続いたが、期待されたような成果は生まれなかった。

ウクライナ側はロシア軍の即時撤退を要求し、ロシア側はウクライナの非軍事化、中立化、非ナチ化を求めた。プーチンは、ウクライナがNATOに加盟しないことを文書で誓約すること、ウクライナにNATOの攻撃兵器を配備しないこと、ゼレンスキー政権が退陣することを求めた。

この間もロシア軍の攻撃は各地で激しくなり、犠牲者や物的被害も増え、ザポリージャ原発はロシア軍の管轄下に入った。また、3月半ばまでに300万人以上が避難民となって、隣国のポーランドなどへ脱出した。第二次世界大戦後のヨーロッパで最大規模の難民の発生である。

3月29日に行われたイスタンブールでの停戦協議では、大きな進展が見られた。トルコが仲介する停戦交渉の場で、ウクライナ側は「NATOに代わる安全保障の枠組みができれば、中立化を受け入れる」と明言した。「中立化」とは、具体的にはウクライナ国内での外国軍の駐留や基地は認めないということである。また、核兵器など大量破壊兵器は保有しないという。

一方、ロシア側は「非ナチ化」、つまりゼレンスキーの退陣は条件としないともした。また、停戦に向けたロシア側の誠意を示すために、キーウやチェルニヒウ地域での軍事作戦を縮小するという信頼醸成措置を掲げた。

クリミアの帰属問題については、ウクライナは15年間かけて議論するとした。つまり「棚上げ」ということである。

ウクライナはNATO加盟を断念する代わりに、関係国が安全を保障することを求めた。関係国とは、国連安全保障理事会の常任理事国、そして、ドイツ、トルコ、ポーランド、イスラエル、イタリア、カナダである。この提案をロシアは持ち帰って検討し、対案を出すと応じた。

停戦交渉の打ち切りと戦闘の激化

ところが、キーウ近郊のブチャでロシア軍によって民間人が多数殺害されていることが判明したのである。ロシア軍は2月27日にブチャに入り、ほぼ1カ月占拠したが、ウクライナ軍の反撃に遭い、3月30日に撤退した。その後、民間人の多数の遺体や集団墓地が発見された。このことに対して、国際法違反で戦争犯罪だとする批判が世界各地で巻き起こった。

ウクライナ側が態度を硬化させた。さらに、西側はウクライナへの武器支援を強化し、そのおかげで優勢に立ち始めたウクライナは強気になり、停戦交渉も中止となってしまった。

ウクライナ軍の抵抗によって、4月2日にはロシア軍はキーウ州全域から撤退した。また、4月14日には黒海艦隊旗艦「モスクワ」が沈没した。ウクライナのミサイルによる攻撃説や火災説などが取り沙汰されたが、ロシアにとっては大きな痛手であった。

アメリカを中心とするNATOは、3月中旬に携行型対戦車ミサイルのジャベリン、携帯型地対空ミサイルのスティンガー、自爆型ドローンなどを供与した。それらは操作も簡単で、すぐに習熟でき、しかも効果は抜群である。これらの兵器は、戦車や爆撃機による制圧という伝統的戦法のロシア軍に大きな損失を与えた。これがロシア軍がキーウ制圧に失敗した理由の一つである。

キーウ攻略に失敗したロシア軍は、東部に戦力を再配置した。

ウクライナの東部とクリミア半島を結ぶ要衝の地、マリウポリはロシア軍に包囲されたが、製鉄所に立て籠もったアゾフ大隊などが抵抗した。しかし、5月16日頃にはロシアが制圧することに成功している。

プーチンは、マリウポリを陥落させ、東部のドンバス地方から、既に併合したクリミア半島を経由し、オデーサからモルドバに至る地域までをロシア領とするという広大な計画を抱いていた。

当局の発表によると、4月25日に、この沿ドニエストル共和国で、治安当局の建物が爆発したという。犯人は、ロシア側かウクライナ側かモルドバ側か分からない。

ウクライナに展開するロシア軍が、ドニエストル駐留のロシア軍と連携して東南部の攻略に成功すれば、ドンバスからモルドバ国境まで繋がる広範な地域がロシア管轄下に入ることになる。ロシア軍は、クリミア半島と隣接する南部のヘルソン州をほぼ制圧してヘルソン市のコリハエフ市長を解任した。そして、親露派の共和国を立ち上げるための住民投票の準備を開始した。

住民投票は、クリミア併合のときと同じ手法であるが、クリミアやドンバスとは異なり、ヘルソンやオデーサの住民の多数派がロシア人であるわけではない。それを併合するとなると、正当化の論理は弱くなる。そこで、沿ドニエストル共和国の出番なのである。ドンバス・ウクライナ・ドニエストルに住む同胞のロシア人がウクライナのナチス政権に迫害されるのを助けるには、マリウポリ、ヘルソン、オデーサをロシアの支配下に置く以外に手はないという論理を展開するのである。

NATOによる武器支援強化

4月27日、ロシア国営のガスプロムは、ポーランドとブルガリアへの天然ガスの供給を停止したと発表した。ロシアが要求しているルーブル支払いを両国が拒否しているためだという。

これは、西側による経済制裁への対抗措置であるが、ロシアの天然ガスへの依存率は、ポーランドが約50%、ブルガリアが約70%であった。

この事態に対応するため、EU諸国が代替の天然ガスを供給するということで、当面の問題は回避された。しかし、天然ガスをはじめエネルギー資源の価格が高騰することは避けられず、実際に27日の欧州ガス市場では、価格が2割高くなった。それは、ロシアの収入を増やすことに繋がり、経済制裁の効果を減殺した。

さて、この頃にはNATOによるウクライナへの武器支援も強化され、自爆型ドローンのスイッチブレードやフェニックスゴースト、対ドローンシステム「バンパイア」、155ミリ榴弾砲、装甲車、旧ソ連型戦車T-72、ドイツの対空戦車ゲパルトなどが供与されている。

注目に値するのは、ドイツの方針転換である。これまでドイツは、人道支援や医療機器の提供のみを行ってきたが、それは、紛争地に殺傷力のある武器を供与しないという方針があったからだ。しかし、ウクライナ支援を求める同盟国やドイツ国民、またウクライナ政府の批判の声に押される形で、これまで控えてきた武器供与を行うことにしたのである。

榴弾砲は、数十キロ離れた場所から攻撃できる殺傷力の高い兵器で、敵を制圧するのに効果的である。また、自爆型ドローンのフェニックスゴーストも大きな戦力で、旗艦「モスクワ」の沈没に関与したという説もある。

6月1日には、アメリカは高機動ロケット砲システム「ハイマース（HIMARS）」の供与を表明した。

戦争の開始から3カ月が経つ5月後半段階までに、ロシア軍はヘルソン州とザポリージャ州を支配下に置いた。ルーブルを流通させたり、ロシア国籍取得手続きを簡素化したりするなど、急速にロシア化を進めて、実効支配を強化していった。

ロシアは東部戦線に兵力を集中し、ルハンシク州のセベロドネツク市がロシア軍の攻撃を受け、第二のマリウポリの様相を呈した。ロシア軍は1カ月にわたる激しい戦闘の末、6月24日にこの地を制圧した。対岸のリシチャンシクでは戦闘が続いたが、ロシア軍は7月3日にはルハンシク州全域を掌握した。

リトアニアは、6月20日、ロシアの飛び地であるカリーニングラードとロシアを結ぶ鉄道輸送を制限したと発表した。鉄路だと、ロシアからはベラルーシ、リトアニアを経由しないとカリーニングラードへ到達できない。リトアニアは、EUの制裁対象の貨物を積んだ列車の乗り入れを禁止した。

ロシアは、これに猛反発し、報復措置をとると警告した。不凍港のカリーニングラードは、バルチック艦隊の母港であり、ロシアの対欧州戦略拠点である。核弾頭を搭載可能なミサイル「イスカンデル」も配備されており、改良型は射程700キロでベルリンも射程内である。

さらに、25日、プーチンは、ベラルーシのルカシェンコ大統領と会談し、イスカンデルMを供与することを約束した。また、ウクライナ国防省によると、ロシアの空軍基地から出撃した爆撃機6機がベラルーシ南部からウクライナにミサイル12発を発射したという。

ウクライナ疲れ、ゼレンスキー疲れ

制裁は、制裁を受ける側のみならず、科すほうにも大きな犠牲を強いる。戦争と制裁の影響で、エネルギーや食料などの価格が高騰しており、国によっては政情不安にまで発展した。

6月19日に行われたフランス国民議会の決選投票では、マクロン大統領の与党連合は245(マイナス101)議席と大幅に議席を減らし、過半数289(定数577)に達しなかった。左派連合(131議席)と極右国民連合(89議席)は大幅に議席を増やした。

与党敗北の最大の要因はウクライナ戦争による物価高である。国民にとっては、ウクライナの独立と自由も大事だが、自分たちの日々の生活が第一なのである。たとえば、当時のガソリン1リッターの価格は、日本でも170円と高くなったが、フランスでは280円と高騰した。日本よりも遥かに車社会のフランスで、国民が悲鳴を上げた。

お隣のイタリアでは310円で、電気代は従来の2・5倍になった。イタリアの電気は原発ではなく天然ガスによっているために、ウクライナ戦争の影響が甚大なのである。イタリアでは9月の総選挙で、現状に批判的な中道右派政権が成立した。

ドイツや東欧諸国もロシアの石油や天然ガスに依存しており、石油禁輸については、ハンガリーの反対でパイプライン経由の輸入は続けられることになった。天然ガスについては、すぐに禁止すると欧州大陸の諸国は生存できなくなるので、話はまとまらなかった。

ロシアのエネルギー資源の収入は、輸出量が減っても、価格が上昇しているので、減らないどころか、むしろ増えた。フィンランドの研究機関によると、軍事侵攻から100日間で、ロシアは化石燃料の輸出で930億ユーロ（約13兆円）を獲得している。

金融の面でも、ルーブルは1ドル＝150ルーブルまで値下がりした時期もあったが、夏には軍事侵攻前を上回る水準になった。これはロシア中央銀行による買い支えや、輸出代金のルーブル換金を義務化したからである。

西側諸国ではインフレが昂進した。5月の消費者物価指数を見てみると、日本が2・5%なのに対して、アメリカが8・6%、イギリスが9・1%、ドイツが7・9%である。

西側諸国は、ウクライナに対して軍事・財政・人道支援を行っており、ドイツのキール世界経済研究所によると、その総額は1月24日〜6月7日の期間で783億ユーロ（約11兆円）に上った。アメリカが427億ユーロ（55%）、イギリスが48億ユーロ（6%）、ドイツが33億ユーロ（4%）で、日本は6億ユーロ（0・7%）で7位であった。

このような支援は、それぞれの国の納税者の負担であるが、そのような中で、ゼレンスキーが「武器支援が足りないし、遅すぎる」と不満を漏らすのを、支援国の国民はどう聞いたか。「自分たちは皆さんの自由のためにも戦っている」と言われても、日々の生活が困窮を来す状況では、いつまでもウクライナの訴えに耳を傾けることはできなくなる。これが「ウクライナ疲れ」「ゼレンスキー疲れ」である。

スウェーデンとフィンランドのNATO加盟問題では、トルコが「クルド人テロリストの処遇など欲するものは得た」として軟化し、両国の加盟交渉を正式に開始することで合意した。

また、NATOは、即応部隊（NRF）を現在の4万人から30万人以上に増員することも決めた。さらに、「ロシアは、われわれの安全保障に対する最も重要かつ直接的な脅威である」という戦略概念を採択した。

一方、プーチンは、6月29日にはトルクメニスタンを訪れ、トルクメニスタン、アゼルバイジャン、イラン、カザフスタンとカスピ海沿岸諸国首脳会議を開き、G7やNATOを牽制した。

ロシア軍の侵略から半年が経った8月24日は、ウクライナの独立記念日である。この日、ゼレンスキーは、ウクライナは勝利の日まで戦うと宣言した。また、クリミア奪還も戦争目的に掲げた。

プーチンは8月25日、軍の戦闘部隊を13万7000人増員し、115万人とする大統領令に署名した。

この時点で、ウクライナでは、3人に1人が失業し、GDPも3分の2に減った。

プーチンの誤算は、「特別軍事作戦」が短期に終結しなかったことである。首都キーウ攻撃によって、おそらく1週間以内にゼレンスキー政権が倒れ、傀儡政権が樹立されるというのが筋書きだったはずである。

しかし、このシナリオ通りにはならなかった。いくつかの理由がある。

プーチンの誤算①

第一は、ロシアの諜報能力に欠陥があったことである。ソ連時代にはKGBが世界中にスパイ網を張り巡らせていたが、その後継のFSB（ロシア連邦保安庁）も同様な活動を展開している。プーチンは、その第4代長官を務めている。

ロシアは数カ月前から国境地帯で軍事演習を繰り返し、ウクライナに対して圧力を加えていった。そして、ロシア軍が侵攻した場合にウクライナが容易には屈服しないだろうという情報もFSBは摑んでいたはずだが、それを最高指導者に伝えることは、弾圧や失脚の原因になると恐れたのであろう。まさに、スターリン時代の再現である。

FSBで旧ソ連構成国を担当する第5局がゼレンスキー政権転覆作戦の責任を担ったが、その任務は失敗に終わった。そのため、担当チームのトップであるセルゲイ・ベセダ局長（上級大将）を逮捕し、工作員150名を解任した。ウクライナ情勢に関して、誤った情報を報告したことにプーチン大統領が激怒したという。スターリンの大粛清を思い出す。

そして秘密工作の任務は、FSBからGRU（軍参謀本部情報総局）に移された。

FSBチームがゼレンスキーの暗殺に失敗したのは、西側の諜報機関によってウクライナ側に情報が提供され、ゼレンスキーが難を逃れることができたからである。

プーチンの誤算②

第二の問題は、プーチンが2014年のクリミア併合という「成功体験」の連続線上に20

22年のウクライナがあると誤解したことである。

2014年3月18日にロシアはクリミアを併合したが、西側諸国による対露経済制裁は比較的緩やかなものであり、併合は継続された。

これは、ウクライナにとっては大失敗であり、その失敗の反省から様々な措置を講じた。とくに軍を近代化したことである。アメリカは、1500億円の支援を行い、装備の近代化と兵員の訓練を行った。その結果、ウクライナ軍は戦える軍隊へと変身したのである。その点について、FSBがきちんと評価する能力があったのか、あるいは正確な情報をプーチンに伝えるのを躊躇したのか、不明である。

いずれにしても、ロシアは、その変化を見逃すか無視しており、それがウクライナ軍による思わぬ抵抗に遭遇した理由である。

プーチンの誤算③

プーチンの第三の誤算は、欧米による大量の武器支援が行われたことである。戦闘が長期化した最大の理由は、欧米諸国から最新鋭の兵器が提供され、その威力によってロシア軍が壊滅的な被害を受けたことにある。

英米を中心として、NATO諸国からウクライナに大量の武器援助が行われることを、プーチンは予測していなかったようである。ウクライナはNATOの加盟国でもないし、2014年のクリミア併合のときには、そのようなことは起こらなかったからである。

ところが、無制限とも思われるような軍事支援が行われている。バイデンは、8月24日に、地対空ミサイルシステム「NASAMS」6基、対砲弾レーダー24基、「PUMA」ドローン、対ドローン「VAMPIR」を含む約30億ドル（約4000億円）の軍事支援を行うと発表したが、これは長期戦に備えるものである。アメリカの軍事支援は、これで20回目であり、総額は1兆9000億円に上った。

イギリスのジョンソン首相も、8月24日にキーウを訪問し、最新鋭ドローン2000機など約87億円の支援を約束した。

このように欧米の最新鋭の兵器が供与され続ける限り、ウクライナの抵抗は止むことはない。ウクライナは、ロシアに対してアメリカの代理戦争を行っているような様相を呈してきたのである。

4月27日には、サンクトペテルブルクで開かれた議会関係者との会合で、プーチンは「誰も持っていないような全ての道具（兵器）」を所有しているとし、「必要になれば使用するだろう」と述べた。また、ロシアが戦略的な脅威を認識した場合には、「我々の反撃は電光石火で迅速なものにある」と警告した。これらは国内向けの発言であるが、核兵器の使用を示唆している。

ウクライナの反転攻勢

9月になるとウクライナ軍はハルキウ州で反転攻勢に転じ、9月10日にはクピャンスクを奪還した。そして、ロシア軍はイジュームから撤退したのである。

9月21日、プーチン大統領は、部分的動員令を発動し、予備役30万人をウクライナでの「特別軍事作戦」に追加投入することを決めた。動員令は第二次世界大戦後初のことである。

また、東部のドネツク州、ルハンシク州、南部のヘルソン州、ザポリージャ州で、ロシア編入への住民投票を9月23〜27日に行うと発表した。住民投票の対象地域を「ノヴォロシア（新ロシア）」と称して、ロシア領であることを強調したのである。

4州の住民投票では、賛成多数でロシアへの編入が承認された。

ベラルーシでは、2月27日に国民投票で、憲法の非核条項削除が65・2％の多数で認められた。したがって、ロシアがベラルーシにロシアの核兵器を持ち込むことは可能である。この点でも核戦争の危機が高まっている。

9月30日、ロシアはドネツク、ルハンシクの東部2州、ヘルソン、ザポリージャの南部2州を併合し、通貨、税制、経済システム、司法などの諸制度をロシア化する作業を加速化させた。また、ザポリージャ原子力発電所も国有化した。

一方、ウクライナ軍は反転攻勢を強めており、10月1日には鉄道の要衝、ドネツク州北部のリマンを奪還した。また、ヘルソン州で複数の集落を解放した。

アメリカは、ウクライナがロシアに奪われた領土を回復するまで支援を続けることを明言し、10月4日、新たに6億2500万ドル（約900億円）の追加軍事支援を行うことを表明した。2月のロシア軍による侵攻以来、この時点でアメリカのウクライナへの軍事支援の総額は168億ドル（約2兆4300億円）に上った。

9月～10月には、ロシア軍は各地で劣勢に立たされており、それが予備役30万人の召集の背景にあるが、予備役対象者のデータが不備で、召集に際しては多くの混乱が生じた。予備役召集に反対する反戦デモもロシア各地で起こり、また、徴兵逃れのために70万人ものロシア人が国外に脱出したという。

一方、強硬派からは、軍による作戦の失敗を非難する声も上がった。このような状況から、プーチン大統領が近く失脚するのではないかという観測も出始めた。9月28日にロシアの独立系世論調査機関「レバダセンター」が公表した世論調査結果によると、プーチン大統領の支持率は8月の83％から77％に下がっている。不支持率は21％で前月より6ポイント上がっている。

この支持率低下は、予備役召集が原因である。しかし、政府とは無関係の機関による調査でも、まだ支持率は高く、国民がプーチンを政権から放逐するような状態ではなかった。

10月8日早朝に、クリミア半島とロシア本土を結ぶクリミア大橋で爆発事故が起こった。トラックに爆発物を仕掛けた破壊工作で橋が損傷しただけでなく、鉄路を走っていた列車にも引火した。3人が死亡している。

橋の一部が崩落したが、これは綿密な作戦と大量の爆薬がなければ不可能である。ウクライナ軍が反転攻勢の目玉として狙ったようで、ロシアの兵站には大きな打撃となった。

プーチンは、10月19日、ロシア連邦安全保障会議において、先に併合したウクライナのルハンシク、ドネツク、ヘルソン、ザポリージャの4州に20日から戒厳令を発令すると発表し、大統領令に署名した。特別軍事作戦をグレードアップして、より戦時体制に近いものにするためである。

1991年のソ連邦崩壊後、ロシアが戒厳令を布告するのは初めてであり、財産の接収、軍への動員、強制移住など強権的な体制に移行することになる。いわば、国家総動員体制である。

ロシア軍は、クリミア大橋爆破への報復として、ウクライナの各地をミサイルやドローンで攻撃し、とくに電気や水道などの基幹インフラを集中的に狙った。ウクライナの発電所の30%

が破壊され、全土で大規模な停電が発生した。また、首都キーウでは、水道施設も大きく損傷した。

因みに、ドローンはイランから供与されていると見られており、ロシアは、ミサイル不足を補うために、イランの支援を期待している。

産油国で構成するOPECプラスは、10月16日に大幅減産を決めた。この決定は、原油価格維持のためであるが、結果的にロシアの収入を増やすことになった。アメリカはサウジアラビアをはじめ産油国に増産への圧力をかけたが、その要求は無視されたのである。11月の中間選挙を控えて、インフレに悩むバイデン大統領は、この産油国の減産措置に対抗して19日、1500万バレルの石油備蓄を12月に放出すると発表した。OPECプラスのメンバーであるロシアにとっては、苦悩するバイデン政権の現状は願ってもない事態であった。

10月26日には、プーチンの監督の下、ロシア軍が核ミサイル演習を行った。ロシア北西部プレセツク宇宙基地からICBM「ヤルス」、バレンツ海からSLBM「シネワ」を発射し、数千キロ先のカムチャツカ半島の目標に命中させている。また、戦略爆撃機「ツポレフ95」も巡航ミサイルを発射している。これは、定期的な核ミサイル演習「グロム」で、戦略核のトライアドを使った演習であり、欧米への牽制という意味も持っている。

このようなロシアの動きに対して、バイデンは、「ロシアが戦術核兵器を使用すれば、信じられないくらいの重大な間違いを犯すことになる」と警告したのである。

ポーランドにロシア製ミサイルが落下

ロシアのショイグ国防相は、11月9日、ヘルソン州のドニプロ川左岸からロシア軍を撤退させることを決めた。3月以降ロシアが占領していた地であり、そこを失うことはロシアの威信に関わるし、大きな敗北である。

11月15日、ポーランド外務省は、ロシア製のミサイルがポーランドに落下し、2人が死亡したと発表した。落ちたのは、ウクライナ国境から6キロに位置するプシェボドフという村であるが、NATO域内で初めての被害者である。このニュースは瞬時に世界中に伝えられ、第三次世界大戦の勃発かという悲鳴が上がった。

ゼレンスキーは、直ぐにビデオ演説で「ロシアのミサイルがポーランドに着弾した」とロシアを非難し、この行為が「緊張を激化させる非常に重大な行為だ。NATOの行動が必要とされている」と訴えた。

しかし、NATOのストルテンベルグ事務総長は、ポーランドに落下したミサイルは、ウクライナの迎撃用ミサイルで、意図的な攻撃ではないと明言した。

ウクライナでは、発電所などのエネルギーインフラを狙ったロシア軍によるミサイル攻撃が続いており、それを迎撃するためにウクライナ軍が発射したＳ３００が誤ってポーランド領に落下したことが判明した。

しかし、ゼレンスキーはテレビ演説で、依然として「これが私たちのミサイルでないことは疑いない。私たちの軍の報告から、ロシアのミサイルだったと信じている」と主張し続けた。ストルテンベルグは、「こういう事態になったのは、ロシアがウクライナを大規模にミサイル攻撃するからであり、責任はロシアにある」とロシアを非難したが、ゼレンスキーの声高な「ロシア発射説」に対しては、西側でも辟易する向きが増えた。

西側は全力を挙げてウクライナを支援しているのに、支援するのは当然だといった高圧的なゼレンスキーの態度は好感を持っては受け止められていない。

アメリカでは中間選挙の結果、上院は民主党が過半数を維持したが、下院は共和党が支配することになった。下院議長に就任が確実視された共和党のマッカーシー院内総務は、「アメリカ国民がウクライナに白紙の小切手を切ることはない」と述べた。

ウクライナ戦争は中間選挙の争点にはならなかったが、２０２１年１月の発足以来、バイデン政権は２０２２年秋までに１８９億ドル（約2兆7500億円）超の軍事支援をウクライナに供与してきており、アメリカの納税者もいつまでも大判振る舞いできるわけではない。

ポーランドにミサイルが着弾したのは、戦争が始まって8カ月以上も経つ11月である。それまで、陸続きの東ヨーロッパで、国境を越えて建造物の損壊や被害者が出なかったのは、ある意味で奇跡的なことであり、今日の精密兵器の性能の高さを示している。そして、ロシア側も戦争をウクライナ領土内にとどめることに細心の注意を払っていたと言えよう。

それは、NATOとロシアが正面から軍事衝突することになれば、第三次世界大戦になる危険性があるからである。きっかけが迎撃ミスであったり、何らかの偶発的な事件であったりしても、それが戦争につながれば最悪の事態となる。ミサイルのポーランド着弾事件に関しても、アメリカをはじめNATO側が抑制的な姿勢に終始したのはそのためである。

2022年3月に、ゼレンスキー政権は、NATOに対して飛行禁止区域の設定を要求したが、NATOは拒否した。NATOは、この慎重姿勢は堅持しているのである。

ロシアの反発

2022年12月5日、ロシアの2つの空軍基地で爆発事故が起こったが、これはウクライナの無人機による攻撃であった。一つは、リャザン州のディアギレボ空軍基地で、モスクワの南東185キロ、キーウから800キロの位置にある。もう一つは、サラトフ州のエンゲリス空軍基地で、キーウから1000キロ以上離れており、ウクライナ国境からも500キロの場所にある。この基地には30機以上の爆撃機が配備されており、そのうち長距離戦略爆撃機ツポレフ95が2機損傷した。

さらに、6日にはウクライナ国境から90キロの距離にあるクルスク州の飛行場付近の石油貯蔵施設が無人機による攻撃を受け、火の手が上がった。これもウクライナの無人機によるものである。

しかし、越境してロシア本国を攻撃することは、戦争の拡大につながりかねない。そこで、アメリカをはじめNATO諸国は、ロシア領に到達するような射程の長い武器をウクライナに供与することを拒んできた。あくまでも、ウクライナ国土の防衛に資する目的に特化した兵器に限定してきたのである。

ブリンケン米国務長官は、ウクライナの無人機による攻撃に関して「我々は、ウクライナに対しロシア領内への攻撃を促していないし、できるようにもしていない」と明言し、アメリカの軍事支援はあくまでもウクライナの自衛を支援するためであることを強調した。

ロシア攻撃に使われた無人機は、ソビエト時代に製造された偵察用の無人機「ツポレフ Tu-141」の誘導機能を強化して攻撃用に改造したものとされている。ウクライナの国営兵器企業は、最大航続距離1000キロの無人機の開発が最終段階にあることを12月4日に明言しており、これが試験的に使われたと考えてよい。
オースティン米国防長官は、「我々は、ウクライナが自国の能力を高めることを妨げることはしない」と述べ、射程の長い攻撃兵器をウクライナが独自に保有することは黙認するという姿勢を示した。

ロシア領内へのウクライナ無人機による攻撃は、ロシア軍に大きな衝撃を与えた。国内の軍事基地が攻撃されたのは、防空網に不備があることを如実に示しており、軍への批判が高まった。

事態を深刻に受け止めたプーチンは、12月6日、モスクワで安全保障会議を開き、どのような報復を行うかを検討した。

12月7日に、プーチンは核兵器について言及し、ロシアは先制攻撃ではなく報復の手段として保有していると強調し、「我々は正気を失ったわけではない。核兵器が何であるかを理解している。他のどの核保有国よりも高度かつ近代的な核兵器の手段を持っていることは明らかだが、核兵器をカミソリのように振り回しながら世界を駆け回るつもりはない。だがもちろん、我々はそれを手に入れたという事実から前進するのだ」と明言した。
また、プーチンは、「ロシアの多くの人々が、世界で核戦争の脅威が現実味を帯びてきていると懸念している」と述べ、ヨーロッパにアメリカの核兵器が大量に配備されていることを批判した。

そして、ウクライナ東南部の4州をロシア領土としたことを誇り、「ピョートル大帝もアゾフ海に進出しようと戦った」と、自らをピョートル大帝に比較して戦争を正当化したのである。

2022年12月時点で、ウクライナ軍は、当初ロシア軍によって占領された地域の約半分を奪還することに成功した。

ウクライナは欧米に対して地対空ミサイルの供与を求め、アメリカはパトリオット供与を決定する方針を固めた。パトリオットは日本にも配備されている高性能の兵器であり、この配備はウクライナの防空能力を一気に高めることになる。当然のことながら、ロシア側は猛反発しており、ウクライナ領内に配備される全てのパトリオットが攻撃対象となると警告した。

プーチンは、12月15日に戦略的開発・国家プロジェクト評議会をテレビ会議で開催し、「ご存じのように、ロシアに対して前例のない制裁攻撃が開始された。ロシア経済の破滅を狙った西側の目論見は失敗し、ロシア国民は団結と責任感を発揮した」と語った。

訪米ゼレンスキーの奉加帳外交

ゼレンスキーは、12月21日アメリカを訪れ、バイデンと会談し、議会でも演説した。2月24

日のロシアによる侵略以来、ゼレンスキーが国外に出るのは初めてであった。

先述したように、中間選挙の結果、米下院は共和党が支配することになったが、共和党のマッカーシー院内総務は、下院議長に就任する前に、無制限な援助に難色を示していた。

そのような考えは、他の共和党員も共有しており、ウクライナ支援の予算額が削減される可能性があるが、そうなるとウクライナの命綱が切られてしまうことになる。そこで、ゼレンスキーは急遽訪米し、議会、そして世論に訴えて支援継続を確実なものにしようとした。つまり、「奉加帳外交」なのである。

ゼレンスキーは上下両院の合同会議で演説し、大喝采を受け、世界中のメディアによって大きく取り上げられた。その結果、アメリカでウクライナ支援の声を高めることに成功した。

しかし、議会で演説を聴いたマッカーシーは、「とても良い演説だった」としながらも、「私の立場は一度も変わっていない。ウクライナのことは支援するが、白地の小切手を支持したことはない。われわれの使うあらゆる資金に説明責任が伴うようにしたい」と述べた。

米議会での演説で、アメリカによる巨額の軍事支援について、ゼレンスキーは、「皆さんの支援は慈善行為ではない。世界の安全保障と民主主義への投資だ」と述べた。しかしながら、その「投資」も、コスト・パフォーマンスを考えねばならないということである。

バイデンは、「必要な限り（as long as it takes）」ウクライナを支援し続けると述べたが、「必要な限り」とはいつまでなのか。ウクライナが戦争に勝利するまでなのか。また、支援とはどれくらいの金額、どのような兵器なのか。アメリカとて際限なく兵器を生産し続けることができるわけではない。それは、他のNATO諸国についても同じである。

ウクライナは全領土を奪還するまで戦うとしているが、どういう状態になれば、ロシアは停戦するのか。ウクライナ勝利の筋書きをロシアが受け入れるはずはない。ロシアは、既に占領したクリミア、東南部4州を死守しようとする。

ウクライナの反撃を前にして、ロシアは手を拱いているわけではなく、様々な動きでNATOを牽制した。

12月21日、プーチンは、国防省の会合で演説し、複数の核弾頭を搭載することが可能で射程1万8000キロの新型ICBM「サルマト」を近く実戦配備することを明らかにした。また、核弾頭を搭載可能な海上・海中発射型の極超音速ミサイル「ツィルコン」も、2023年1月に北方艦隊のフリゲート艦「アドミラル・ゴルシコフ」をはじめとして、順次実戦配備するとした。これらは、NATOへの牽制球であり、核兵器を使用する可能性を担保するものである。

これに先だって、12月19日、プーチンはベラルーシの首都ミンスクを訪れ、ルカシェンコと会談した。両国は共同軍事演習を続け、ウクライナとの国境線の防備を固めることにした。12

月段階で9000人のロシア兵が展開しており、ロシアが再度キーウに侵攻するときには、ベラルーシ領内から南下することが見込まれている。

ロシアはまた、中国との連携も深めようとした。安全保障会議の副議長であり、与党「統一ロシア」の党首でもあるメドヴェージェフ前大統領が中国を訪問し、12月21日、習近平主席と会談した。メドヴェージェフは両国の協力強化を図ったが、習近平は戦争ではなく、政治的に解決することを求めた。中露の意見が一致するのはアメリカの覇権を許さないということである。しかし、習近平はロシアが核を使用することには反対している。

第7章　核の選択と新しい国際秩序の模索

ウクライナで停戦の見通しも立たないまま、世界は2023年を迎えた。

一貫したプーチンの世界観

プーチンは、大晦日恒例の国民向けテレビ演説で、ウクライナでの特別軍事作戦を始めた2022年を「必要不可欠な難しい決定の年」だったと回顧した。そして、「祖国を守ることは祖先と子孫に対する神聖な義務だ。道徳的、歴史的正義はわれわれの側にある」と述べた。

さらに、「西側のエリートたちは何年もの間、ドンバスにおける紛争の解決を含め、平和的な意思を偽善的に保証してきた。実際、ドンバスの共和国で民間人に対してあからさまに軍事的テロ行為を行ってきたネオナチをいろいろな方法で奨励している。西側は平和について嘘をつき、攻撃の準備を進めていた。そして今日、彼らは遠慮もせず公然とそれを認めている。無恥にも、ウクライナとその国民をロシアの弱体化と分裂のために利用している。我々は決してそれを許してこなかったし、これからも許さない。家族のため、ロシアのため、唯一の愛する祖国の未来のために、前進し、勝利しようではないか」とウクライナ侵攻を正当化した。

残念ながら、停戦は容易には実現しないであろう。そして、ウクライナ戦争後の国際秩序の構想も誰にも打ち立てようがない。第二次世界大戦終結前、1941年8月にアメリカとイギリスが「大西洋憲章」を発表し、戦後の国際秩序を模索したのとは大きな違いである。

元日に、ドネツク州の州都に近いマキイウカで、ロシア軍の部隊兵舎が、ウクライナ軍のアメリカ製高機動ロケット砲システム「ハイマース」に攻撃され、多数の兵士が死傷した。ロシア国防省の発表だと死者は89人だということだが、実際はもっと多いのではないかと言われている。

ロシア軍はウクライナ軍の反転攻勢によって劣勢に立たされたが、ロシアも手を拱いているわけではなかった。1月4日、ロシア軍は、極超音速ミサイル「ツィルコン」を搭載したフリゲート艦を実戦配備した。ツィルコンはマッハ9の速度で飛行し、射程は1000キロ以上であり、核兵器の搭載も可能である。この配備はNATOに対する牽制であり、プーチン大統領はロシアの軍事力を世界に誇示したのである。

東部のドネツク州で激しい戦闘が繰り広げられ、ロシアは、民間の軍事組織ワグネルを使って、ウクライナ側の拠点バフムトの掌握を狙って攻勢をかけ、近郊の町ソレダールを掌握したと主張した。

さらに、ロシア軍は、イラン製のドローンなどを使ってウクライナ全土のインフラ、とくに発電所などのエネルギー関連施設の攻撃を続けた。

ロシアのショイグ国防相は、ゲラシモフ参謀総長をウクライナ軍事侵攻の総司令官に任命した。参謀総長が総司令官というのは極めて異例のことである。国防省は「遂行すべき任務の範囲が拡大したことに対応し、部隊間の緊密な協力を進めるため」としているが、ロシア軍の作戦が上手く行っていないことの表れだという意見も西側にはあった。

また、航空機関連の調達が遅れていることについて、プーチンがマントゥロフ副首相兼産業貿易相を叱責し、迅速に対処するように指示したことをロシアのメディアが伝えた。

西側からの戦車の供与

軍事大国ロシアに対して、ウクライナが抵抗できるのは、西側が最新鋭の兵器を供与しているからである。

フランスのマクロン大統領は、1月4日、ゼレンスキー大統領との電話会談で、軽戦車「AMX-10RC」を供与することを伝えた。そして、主力戦車「ルクレール」の供与の検討も始めた。

14日には、イギリスが「チャレンジャー2」を供与することを決めた。この戦車はロシアのどの戦車よりも優れた性能を有している。ただ、提供されるのは14両で、ウクライナが要求している数百台にははるかに及ばず、戦局を転換させる効果はない。西側の支援姿勢を示すシンボリックな意味のほうが大きい。

19日、欧州11カ国はエストニアでウクライナ支援会合を開き、イギリス、デンマーク、エストニア、ラトビア、リトアニア、ポーランド、チェコ、オランダ、スロバキアの9カ国が軍事支援を表明した。

同じ19日、バイデン政権は、装甲車「ストライカー」90両、ブラッドレー歩兵戦闘車59両、約30万発の弾薬など、25億ドル（約3200億円）の追加軍事支援を発表した。ストライカーは今回が初めての供与である。そして、25日には、主力戦車「M1エイブラムス」31両の供与を表明した。

20日には、ドイツのラムシュタイン米空軍基地で、約50カ国が参加するウクライナ支援会議が開かれた。この場では、ドイツは主力戦車レオパルト2の供与について慎重な姿勢を見せた。それは、戦車の供与で戦争が拡大することを危惧したからであり、またナチスドイツが引き起こした第二次世界大戦の反省から、他国への武器提供には反対する国民が多いからである。

しかし、アメリカ、イギリス、ポーランド、バルト三国などから強い圧力があり、NATOの結束を乱さないために、ショルツ政権は苦渋の決断を迫られ、25日、ショルツ首相はドイツ製戦車「レオパルト2－A6」をウクライナに提供すると表明した。とりあえずは、14両を渡すが、この戦車は世界最強の戦車の一つであり、多くの欧州諸国が採用している。輸入している国がウクライナに同戦車を供与するときには、製造国ドイツの承認が必要である。

ドイツ国防省は、他の保有国と合計して2個戦車大隊編成が可能な88両を供与する予定だとした。ただし、要員の訓練などの準備が必要で、派遣までに3カ月が必要だという。

英米独製の主力戦車の合計は133両で、これが全て配備されれば、戦局を大きく転換させることになる。当然のことながら、ロシアは、「目に余る挑発」と猛反発した。

1月20日のウクライナ支援会議で、米軍のミリー統合参謀本部議長は、「軍事的な観点から言えば、今年中にウクライナ内の隅々の占領地からロシア軍を駆逐するのは極めて困難と判断している」と述べ、外交交渉での妥結を求めた。

第一陣として西側諸国からウクライナに供与される戦車は、120～140両になる見込みで、最終的には321両になるという。

問題の第一は、配備に約3カ月必要なことである。ロシア軍としては、それまでにウクライナ側の攻勢を止め、反撃に出たいところである。

第二に戦車の数であるが、供与する西側諸国とて無尽蔵に保有しているわけではない。また、乗用車のように量産体制が整っているわけでもない。ゼレンスキーの求める300～500両という要請にすぐ応えることは不可能である。

フランスも、既に供与を決めている軽戦車「AMX-10RC」に加えて、主力戦車「ルクレール」の供与を検討していると伝えられたが、2022年時点の保有は222両であり、ウクライナに供与する余裕はないという。そこで、フランスは、とりあえずミサイルや無人機を探知するレーダー「グランド・マスター200」を供与することを決めた。因みに、ドイツは245両のレオパルト戦車を保有している。

世界の戦車保有数のランキング（2021年）は、①ロシア1万2950両、②アメリカ6333両、③中国5800両、④インド4665両、⑤エジプト3620両、⑥北朝鮮3500両、⑦韓国2914両、⑧パキスタン2776両、⑨トルコ2379両、⑩ウクライナ2076両となっている。因みに、日本は570両の戦車を保有している。

ロシアで実際に稼働している戦車は3000両程度とされており、中心はT－72とT－80であり、それぞれ1972年、1980年に運用が開始されている。T－90も稼働している。「10年に1度の最も革命的な戦車」とされる最新のT－14アルマータは、トラブルが続出し、現場では歓迎されていないという。製造数も数十両とされており、まだ量産化されていない。大型で重量もあり、輸送も容易ではなく、ウクライナの戦場で運用される可能性は少ない。

ロシアは、倉庫に眠っていた1万両ものT－62などの古い戦車を持ち出してきたが、性能が劣り、すでに1500両もの戦車が戦場で破壊されている。

このようなロシアの戦車の現状を見れば、英米独の強力な主力戦車が導入されれば、ロシアが対抗できなくなることは明らかである。そこで、西側の戦車の配備が進む前に、鉄道などの輸送網やインフラを破壊する攻撃を進めると考えられる。

１９４３年2月2日、スターリングラードの戦いで、ドイツ軍は赤軍に敗北した。スターリングラード攻防戦終結80周年記念の２０２３年2月2日、現在はボルゴグラードと改名されている同地で、大々的な記念式典が行われた。

スターリングラード攻防戦の後、１９４３年7月5日にクルスクの戦いが始まるが、この大平原での史上最大の戦車戦でもソ連は勝っている。西側のウクライナへの戦車供与を前にして、スターリングラードやクルスクでのソ連軍の戦いを想起することは、ロシア人のナショナリズムを刺激する。

プーチンは記念式典で演説し、スターリングラードの戦いをロシア人の「不屈の象徴」として讃え、ウクライナでの勝利を確信していると述べた。そして、西側によるウクライナへの戦車供与を批判した。ドイツによるレオパルト2の供与について言及し、「我々は再びドイツの戦車に脅かされることになった。ナチズムが現代の装いで、我々の安全保障を脅かしている」と語ったのである。

2月1日には、ロシアは核弾頭も搭載可能な短距離弾道ミサイル、イスカンデルを使って、ドネツク州のクラマトルスクの集合住宅を攻撃した。３人が死亡し、20人以上が負傷したという。また、ベラルーシ国防相は自国に、このイスカンデルを配備したと発表した。欧米への牽制球である。

ウクライナは戦車の供与の迅速化と数の増加を求め、さらには、ミサイル攻撃への対応として、戦闘機と長距離ミサイルの供与も要求したが、バイデンは、F16戦闘機を供与する予定はないと記者団に明言した。

驚くべきウクライナの汚職

1月21日、ウクライナのインフラ省のヴァシル・ロジンスキー副大臣が罷免された。発電や暖房関連の設備調達に関して、契約額をつり上げ、業者を潤した見返りに、35万ドル（約4600万円）超の賄賂を受け取ったという。

また、1月24日、ウクライナでは多数の政府高官が解任された。贈収賄などの汚職が原因である。ロシアとの戦争の最中に汚職がはびこるということは、常識では考えられないことである。ウクライナ国民が苦難に耐えて一致団結して抗戦しているという「美しい神話」が世界中に流されていただけに、驚きを以てこのニュースを受け止めた人が殆どだろう。しかし、実はウクライナでは汚職は日常茶飯事なのである。

解任された高官をリストアップする。

まずは、大統領府のキリロ・ティモシェンコ副長官である。彼は高価なスポーツ用多目的車（SUV）を複数台所有していると非難されていた。これらの車はアメリカの自動車メーカーが住民避難用に提供したものである。

次に、ヴャチェスラフ・シャポヴァロフ国防副大臣は、軍用食料品を小売価格よりも高値で調達していたという。無名の食品会社だっただけに、贈賄が疑われている。

なお、オレクシイ・レズニコフ国防相も同じことを疑われている。

オレクシイ・シモネンコ副検事総長も解任された。正月にスペインで10日間の休暇を家族とともに過ごしていたという。成人男性の出国が厳しく制限される中での出来事である。

1月27日に、『ウクラインスカ・プラウダ』紙は、ティモシェンコ元首相が、新年休暇をドバイで過ごしたと報じた。五つ星の最高級ホテルに滞在中の写真も掲載された。彼女は、野党「祖国」の党首であり、最高会議（国会）の議員であるが、２０２２年の新年休暇もドバイで過ごしている。

ゼレンスキーの与党「国民の僕《しもべ》」も同じ穴の狢で、所属議員がタイに外遊する計画を立てていたことが発覚している。

その他にも、地域開発・領土副大臣のイワン・ルケリヤとヴャチェスラフ・ネゴダ、ヴィタリー・ムジチェンコ社会政策担当副大臣、さらにはドニプロペトロウシク、ザポリージャ、キーウ、スーミ、ヘルソンの5州の知事が解任されている。

Transparency International の調査による腐敗認識指数世界ランキング（２０２1年）を見ると、全対象国１８０カ国中、最もクリーンな1位はニュージーランド、2位がフィンランド、3位がデンマークとなっている。日本は18位である。ドイツが10位、イギリスが11位、カナダが13位、フランスは22位、アメリカは27位、イタリアが42位である。

最下位の１８０位は南スーダンで、ウクライナは１２２位、ロシアは１３６位である。いずれも汚職が当たり前の政治風土となっている。共産主義体制の下では、「万民が平等」という謳い文句とは正反対に、権力者に富が集中し、生き残るためには、上から下まで賄賂を使うのが日常茶飯事となっていた。ロシア人もウクライナ人もそのような社会の中で生きてきたのであり、それはソ連邦が解体した後も全く変わっていない。

ウクライナのオリガルヒ

ソ連邦崩壊の過程で、ロシアと同様に、ウクライナでも国営企業が民営化され、富が一部のオリガルヒに集中する状況になった。たとえば、ドネツクの大富豪リナト・アフメトフはウクライナで一番の富豪で、マリウポリのアゾフスタリ製鉄所などを所有し、２０２２年1月時点で１３７億ドル（約1兆８７００億円）の資産を保有していた。

親米派のオリガルヒのイーホル・コロモイスキー、「チョコレート王」のペトロ・ポロシェンコ前大統領も有名である。

また、「ガスの女王」と呼ばれ、政界に進出してオレンジ革命（2004年）のジャンヌ・ダルクと讃えられ、首相にもなったユーリヤ・ティモシェンコは、天然ガス部門のオリガルヒである。先述した彼女のドバイでの新年休暇も、戦争で国民が塗炭の苦しみの中にある状況で、オリガルヒがいかに裕福であるかを示すエピソードでもある。汚職も貧富の格差もロシアと同じである。

また、2014年のマイダン革命でロシアに亡命したヴィクトル・ヤヌコーヴィチ元大統領は、自ら財閥を形成し、巨額の富を着服していたことが判明している。

オリガルヒのみならず、官僚機構を含むあらゆる社会システムに汚職がつきまとっており、賄賂なしには事が進まないソ連時代の悪弊がまだ続いている。それが経済を低迷させ、ウクライナをヨーロッパで最も貧しい国の一つにしたのである。そして、ウクライナ戦争はオリガルヒの所有する資産を激減させており、たとえばアフメトフは、資産を開戦前の3分の1にまで減らしているという。しかし、この戦争中でも汚職が止まないのである。

ウクライナのような汚職まみれの国は、EUに加盟することはできない。汚職の撲滅が加盟の条件だからである。ウクライナ戦争が、オリガルヒの弱体化のみならず、汚職構造の破壊までもたらすかどうかは、まだ分からない。

コメディアンだったゼレンスキーは、汚職と戦うために高校教師が大統領に昇りつめる成功物語のドラマ「国民の僕」の主人公を演じたが、2019年の大統領選で国民は実際に彼を大統領に選んだ。それほど政治の腐敗が酷かったということである。

そのゼレンスキー政権下で、まだ汚職が続いていることが問題であるが、2月1日、当局はオリガルヒなど疑惑が囁かれている人物の家宅捜査を行った。

まずは、合金鉄、石油製品、金融、マスメディアなどの分野で広範な事業を手がけるプリヴァト・グループの創立者、オリガルヒのイーホル・コロモイスキーである。彼は、親米派であるだけに、ゼレンスキーの盟友であった。彼の所有するテレビ局が、ゼレンスキー主演のドラマ「国民の僕」を放映し、大統領への道を準備したのである。

2014年3月には、反露派のコロモイスキーはドニプロペトロウシク州の知事に任命されたが、プーチンは「稀代の詐欺師」と呼んで彼を軽蔑している。

家宅捜査の容疑について、ウクライナ保安局（SBU）は、彼が所有していた石油会社と石油精製会社で10億ドルを超える資金を横領する計画が発覚したことを明らかにしている。

次の人物は、アルセン・アワコフ元内相である。家宅捜査が入ったが、容疑の詳細な内容は不明である。6年前にエアバス社のヘリコプターをウクライナが購入したこととの絡みだとされている。1月18日にキーウでヘリコプターが墜落し、内相ら14人が死亡した事故調査の一環とされている。

さらに、政権幹部によると、税関の全管理職が解任され、国防省高官も疑惑の対象となっているという。この国防省の調達担当責任者は、使いものにならない防弾ベストを購入して、調達費を着服したという。

また、税務当局のナンバー2も捜査対象であり、450億フリブナ（約1500億円）の脱税を見逃す見返りに、多額の現金、高級時計、車などの賄賂を受けたという。

ゼレンスキー政権が汚職の捜査に躍起になったのは、2日後の2月3日にEUとの首脳会議が行われる予定だったからである。ウクライナは、2022年6月にEU加盟候補の資格を得たが、EUからは汚職対策の強化を求められていた。EU加盟の可能性について協議されても、汚職が蔓延している国はEUに加盟できないことになっており、今のウクライナは失格である。そこで、ゼレンスキー政権としては、汚職追放に努力しているところを見せたかったのである。

バイデン大統領の息子もウクライナ利権に絡む

オバマ政権のときにバイデンは副大統領であったが、息子のハンターとともにウクライナ利権に深く関わっていたのではないかと疑われている。

ハンターは、2014年にウクライナのガス企業ブリスマの幹部に就任したが、この企業は検察の捜査を回避するために裏金を使ったという不正疑惑が明らかになっている。2020年9月、米議会上院は、この件について「利益相反の疑いがある」という報告書をまとめており、中間選挙後の下院は共和党が多数派となったので、この件が蒸し返される可能性がある。

多数のウクライナ政府高官が汚職で更迭されたことは、西側からの支援にブレーキをかける可能性がある。対ウクライナ支援の財源は、西側諸国の国民の血税である。ウクライナ戦争で光熱費や食料品価格など、諸物価が高騰し、国民は苦しい生活を強いられている。それにも拘わらず、支援の裏側で、それが一部の者の私腹を肥やすために使われたとすれば、怒り心頭に発するのは当然である。「ウクライナ疲れ」どころの話ではない。

湯水の如く国民の税金をウクライナに注ぎ込んでも、その25%程度が賄賂に使われているとすれば、支援額を25%削減せよという要求が出てきても不思議ではない。

侵略者ロシアが弾劾されるのは当然だが、「ウクライナが無謬で100%善を体現している」などという幻想は捨てたほうがよい。この国は、ロシアと並ぶ汚職、腐敗大国であることを再認識すべきである。

武器支援にしても、背後で贈収賄が行われている可能性がある。しかし、ウクライナの戦場を新兵器の実験場とし、巨万の富を得ているアメリカの軍需産業にとっては、ウクライナの汚職などはどうでもよい。アメリカ兵は戦争に参加しておらず、一滴の血も流れない以上、バイデンも、ウクライナの腐敗など我関せずである。

ウクライナとロシア、それは「狐と狸の化かし合い」である。ナイーブに狐（ウクライナ）の言うことのみを１００％信じる愚は避けなければならない。

２０２３年２月14～15日にＮＡＴＯは、本部のあるベルギーで国防相会議を開き、ウクライナ支援を継続することを確認した。戦闘の激化に伴い、弾薬不足が目立ち始めているため、弾薬の生産能力を強化することで合意した。

ミュンヘンで２月17日から19日まで開かれた安全保障会議では、ウクライナへの西側の支援が確認された。戦車の供与の約束をすでに取り付けているウクライナは、戦闘機の供与も求めたが、これに対しては意見の相違が目立った。ドイツは、慎重な姿勢を維持したが、それはＮＡＴＯとロシアが直接対決するようになる危険性を考慮してのことである。

モルドバとジョージア

２０２３年２月13日、ウクライナの隣国、モルドバのマイア・サンドゥ大統領は、ロシアがモルドバでクーデターを計画していると指摘した。軍事訓練を受けたロシア人、ベラルーシ人、セルビア人、モンテネグロ人などが、政府機関を攻撃して人質をとり、現在の親西欧政権を打倒し、ロシアの傀儡政権を樹立しようとしているとした。ウクライナの情報機関が傍受した通信から判明したという。

ロシアは、このモルドバのクーデター計画公表を、事実無根だと反論している。2月21日、プーチンはモルドバの主権を尊重するとした2012年の政令の撤回を決めた。親露派が分離独立を宣言した「沿ドニエストル共和国」にはロシア軍が駐留しているが、ロシア外務省は、24日、駐留ロシア軍の安全を脅かす行為は「ロシアへの攻撃とみなす」と警告した。

2022年2月にウクライナに侵攻したロシア軍は、首都キーウの攻略に失敗し、東南部に攻撃を集中した。マリウポリを支配下に置き、ドンバス→マリウポリ→クリミア→オデーサへと占領地域を拡大し、さらにはモルドバにまで到達しようとしたのである。しかし、その後のウクライナ軍の抵抗によって、その目論見は潰えた。

そのため、ロシアは、経済、社会、生活のロシア化、住民投票、そして今話題になっている親西欧政権の転覆などという手を使おうとしているのである。

ウクライナにおける「特別軍事作戦」は、1年が経過しても成功しているとは言えない。軍事力以外の情報戦などあらゆる手法を動員するハイブリッド戦争でも、ロシアの情報が敵側の傍受によって漏れるようでは話にならない。

ジョージアでは、ロシアのウクライナ侵攻以降、政府の対ロシア宥和政策に反対するデモが起こっていたが、3月にはそれが暴動化した。ジョージアには2008年にロシアが侵攻したため、国民の反露感情が強い。ところが、イラクリ・ガリバシヴィリ首相の与党「ジョージアの夢」が「外国の代理人」法案を上程したために、これに反対する市民が街頭に出たのである。

この法案は、資金の20%以上を海外から得ている団体に「外国の代理人」登録を義務づけ、登録しない団体に罰金を科すものだ。これは人権団体などの弾圧を狙ったものである。同じような「外国の代理人」法は、2012年7月にロシアで制定され、NGOなどの弾圧に効果を発揮してきた。そのこともあって、ジョージアでも反発する声が高まったのである。この民主主義からの退行は、ジョージアのEU加盟を不可能にする。

「ジョージアの夢」は、ジョージアのオリガルヒ、ビジナ・イヴァニシヴィリが、2003年のバラ革命を主導し、2004年から2期にわたって大統領を務めた親欧米派のミヘイル・サアカシュヴィリに対抗するために創設した政党である。2012年10月の議会選挙で第一党となり、イヴァニシヴィリは首相に就任した。

ロシアの侵攻後、ウクライナ、モルドバ、ジョージアはEUに加盟申請を行い、前2国は2022年6月23日に加盟候補国として承認されたが、親露派政権のジョージアは承認されなかった。そのこともガリバシヴィリ政権への国民の不満につながったのである。

「外国の代理人」法案は、抗議活動の激化で撤回されたが、親露派政権への国民の批判は高まっている。

ウクライナ侵攻から1年・大統領年次教書演説

2023年2月24日、ロシア軍がウクライナに侵攻してから1年が経った。プーチンも1年間を振り返り、強気の発言を継続した。

プーチンは、2月21日に行った大統領年次教書演説で、「西側諸国がウクライナを使って戦争の準備をしていた。私たちはそれを止めようとして武力を行使し、今後も行使する」と軍事侵攻を正当化した。

また、「1930年代ドイツでナチスが権力を握るための道を開いたのは、事実上西側諸国だった。そして今の時代、西側はウクライナを『反ロシア』に仕立て始めた。（中略）1930年代の当時も今も、東方へ攻撃を仕掛け、欧州において戦争を煽り、他人の手で競争相手を排除しようという、その企みは変わらない」と断言した（引用は「Sputnik日本」より、以下同）。

ゼレンスキー政権に対しても「ウクライナ紛争を煽り、拡大させ、犠牲者を増やした責任は、すべて西側エリート、そしてもちろん、キエフの現政権にある。この政権にとってウクライナ国民は本質的に他人だ。ウクライナの現政権は自国の国益のためではなく、第三国の利益のために奉仕している」と痛烈に批判した。

そして、「彼ら（西側）は、戦場でロシアを打ち負かすことは不可能だと理解すべきだ」と強調した。さらに、「ロシアの核抑止力の最新の装備レベルは91％以上の91・3％である」と述べ、核による威嚇も行った。

また、ロシアの経済や統治システムは西側が考えているよりも強力で、経済制裁も期待するような効果はあがらないと、以下のように断言した。

ロシアの経済と統治システムは、西側が考えていたよりもはるかに強固であることが明らかとなった。ロシアの経済と行政は西側諸国の予想を遥かに超えて強固なものだった。

2022年の国内総生産（GDP）は減少した。予想は20～25％減、10％減だった。しかし、2022年のGDPは2・1％減だった。これは最新データだ。また言及しておくが、昨年2月～3月には、すでに述べたように、ロシアの経済は崩壊すると予想されていた。

そして、アメリカとの核軍縮の枠組み「新START」について、脱退はしないが、参加を停止するのだと主張したのである。

プーチンは、「ソ連崩壊後、第二次世界大戦の結果を修正し、わずか一人しか主が存在しない米国型の世界を築こうとしたのは、まさに彼ら（アメリカ）である。そのために、第二次世界大戦後に作られた世界秩序の土台をすべてあからさまに破壊しはじめた。ヤルタとポツダムの遺産を否定するために。既成の世界秩序を徐々に修正し始め、安全保障と軍備管理のシステムを解体し、世界中で一連の戦争を計画し、実行に移したのだ」とアメリカを厳しく批判した。

ロシア、長期戦への方針転換

2023年2月～3月、ロシア軍は東部のウクライナ側の拠点バフムトに対して集中的な攻撃を行った。

イギリス国防省は、2月24日、ロシアがウクライナ全土を掌握して、現政権を打倒するという当初の目標を撤回して、ウクライナ軍の戦力を低下させることに主眼を置く作戦に切り替えたという分析を公表した。つまり、長期戦に持ち込み、ウクライナを疲弊させる戦略だという。

この作戦は、短期決戦から長期戦への方針転換であり、戦争は長引くと考えざるをえない。

ウクライナ軍参謀本部の発表（2月8日）なので正確かどうか不明だが、開戦以来のロシア軍の死者は13万4100人、失った戦車3253両、装甲車6458両、大砲システム2236基だという。関連情報では、ニューヨーク・タイムズは、死者数を約20万人としているし、ロイター通信は1月の死者を6500人としている。

アメリカのブリンケン国務長官は、2月28日、カザフスタンの首都アスタナを訪問し、中央アジアの旧ソ連構成国の5カ国（カザフスタン、ウズベキスタン、トルクメニスタン、キルギス、タジキスタン）の外相と会談し、対露依存からの脱却を促すために、これまでこの地域に供与した2500万ドル（約34億円）に加え、同額の資金を拠出することを約束した。これらの諸国とロシアの関係強化を牽制したものである。

同じ頃、27〜28日、ロシアのラブロフ外相は、アゼルバイジャンの首都バクーを訪問し、アリエフ大統領と会談した。旧ソビエト圏への梃入れであり、アメリカへの対抗意識を鮮明にしている。

アメリカは、上記5カ国がロシアの経済制裁逃れに利用されないように警告している。しかし、現実には並行輸入をはじめ、この地域を活用した様々な形での経済制裁回避が行われている。アメリカが食い込んで行くのは容易ではない。

2月23日に、国連総会緊急特別会合において、ロシアの戦争犯罪に対する調査や訴追、ロシア軍の無条件撤退を求める決議案が上程されたときには、これらの国は棄権するか欠席するかしており、ロシアとの良好な関係を維持していることもまた事実である。

さらに、この地域は、アジア、ヨーロッパ、中東を結ぶ交通の要衝であり、「一帯一路」構想を進める中国の習近平政権にとっても重要であり、ブリンケンは、中国に対抗する意欲もまた示したのである。

そして、このアメリカの動きに対抗するかのように、中国の習近平は、ベラルーシのルカシェンコを中国に招待した。ルカシェンコは、2月28日から3月2日まで訪中し、首脳会談を行った。両国の協力関係の強化を図るとともに、ロシアと中国の仲介役として、西側による対露経済制裁の影響を最小限にする方途を探ったようである。

ルカシェンコは、「中国による平和への提案や国際安全保障に関する取組を完全に支持する」と述べた。

モスクワでは、3月1日、新たな地下鉄が完成したが、全長70キロの世界最長の環状線である。開通式で、プーチンは「この新しい地下鉄を習近平国家主席に見せたい」と述べ、習近平をモスクワに招く意向を示した。

アフガニスタン侵攻の教訓

アフガニスタンでは、1978年に共産主義を掲げるアフガニスタン人民民主党が政権に就いた。しかし、これに対抗する武装勢力は激しい抵抗運動を展開し、全土を制圧する勢いとなった。そこで、共産主義政権はソ連に助けを求めたのである。

この要請に応えたソ連のブレジネフ政権は、1979年12月24日、アフガニスタンにソ連軍を侵攻させた。これは国際法違反であり、国際社会はソ連を厳しく批判した。ムジャーヒディーンと称する兵士たちは、抵抗活動を「聖戦（ジハード）」と位置づけて戦ったが、世界中からイスラム教徒の義勇兵が馳せ参じたのみならず、アメリカも背後で武器援助などを行った。

こうして泥沼の戦争が10年も続いたが、ゴルバチョフの登場により、1989年2月15日にソ連軍の完全撤退が完了したのである。

ソ連軍の死者は1万5000人、負傷者は7万5000人とされている。ゲリラ側は9万人が死亡、9万人が負傷している。民間人は450万人が死んでいる。また、400万人が難民として外国に逃れている。

息子を戦場で失ったロシアの母親たちの抗議の声の蓄積も、ソ連軍の撤退に大きな影響を及ぼしたのである。今回のウクライナ侵攻では、わずか1年間でアフガニスタンの10年分の戦死者が出ている。

10年にわたるアフガン介入は、ソ連邦の解体をもたらした大きな要因の一つである。そして、ゲリラ組織からイスラム原理主義勢力のタリバンが生まれ、アルカイダなどのテロへと繋がっていくのである。

その後、アフガニスタンの庇護者はソ連からアメリカへと変わったが、20年に及ぶアメリカの関与も実を結ばず、2021年8月31日に米軍は撤退した。そして、アフガニスタンは、今また、イスラム原理主義のタリバンが統治する暗黒の時代に戻ってしまっている。

今回のロシアのウクライナ侵攻は、40年以上前のアフガニスタン侵攻のような深刻なインパクトを世界に、そしてロシアに与えそうである。

停戦のシナリオ

戦争を終えるためには、交戦国が消耗し、経済的に継戦が困難になる必要がある。典型例が1904年2月に勃発した日露戦争で、ロシアでは帝政を打倒しようという革命勢力が台頭し、国内が不安定になった。

日本は、1905年3月の奉天会戦勝利、5月のバルチック艦隊撃滅などの成果を収めたが、さらに戦争を続けていくのは、軍事的にも経済的にも不可能であった。

そこで、日本は、アメリカ大統領、セオドア・ルーズベルトに講和の斡旋を依頼し、ロシアのニコライ2世も、国内での革命勢力の台頭を前にして、帝政を守るためにそれに応じた。

日本かロシアのいずれかが決定的な勝利を収めれば、その国がアジアを支配することになり、それは勢力均衡という観点からは望ましくないという判断をルーズベルトは下し、斡旋の労をとったのである。

この歴史的なケースと比較すると、ウクライナ戦争はどうであろうか。

まず、両国とも相当に消耗していることは事実である。しかし、ウクライナには大量の武器が西側から供与され続けている。一方、ロシアは、資源大国であり、そう簡単には屈しないであろう。

重要なのは、日露戦争の時代とは違い、核兵器が存在し、ロシアがそれを保有していることである。

セオドア・ルーズベルトに比べて、バイデンがどうなのか。彼の戦略思想がしっかりとしたものであるかどうか、レアルポリティーク（Realpolitik、現実政治）を理解できているかどうか。

セオドア・ルーズベルトの場合、アジアにおける勢力均衡という講和斡旋の目的があった。バイデンは、ウクライナの敗北は受け入れない。では、ロシアのどの程度の敗北なら認めるのか。バイデンは、2022年5月31日にニューヨーク・タイムズに寄稿し、「プーチンをモスクワから追放しない」と述べ、体制の転覆はしないと明言した。また、「ロシアに苦痛を与えるためだけに戦争を長引かせることはない」とも述べた。これは、ロシアが勝てない、時間の経過がロシアに不利になるということを確証した上での発言である。

しかし、これを前提にしてロシアが停戦に応じるには、さらに時間が必要だし、ウクライナへの軍事援助の継続が不可欠である。

レアルポリティークの立場からは、ウクライナ側にも何らかの譲歩をさせなければ、講和の斡旋は成功しない。しかし、ゼレンスキーは、一切の譲歩を拒否し、クリミア奪還など、目標をせり上げてきている。

ロシアとウクライナを停戦させられるのは、世界一の超大国アメリカしかない。しかし、バイデンにセオドア・ルーズベルトの再来を求めるのは無理なようである。

停戦のシナリオを描くのは極めて難しい。以下のように、頭の体操をしてみよう。

①ロシア優位で停戦を迫る

これはアメリカが許さないし、軍事支援でウクライナに対抗させ続ける。しかし、ロシアは生物・化学兵器や小型の核兵器を使用してウクライナを屈服させようとするだろう。その場合、NATOは宣戦布告するわけにはいかないので、対抗措置はない。措置を講じれば第三次世界大戦になるからである。

②ウクライナ優位で停戦を迫る

そういう状況になるには戦争は長期化し、数年続くかもしれない。資源の豊富なロシアは、そう簡単には諦めない。制裁も抜け穴が多い。ウクライナ兵の消耗が激しければ、武器はあっても戦争は継続できないかもしれない。外国からの義勇軍では限界がある。
③両者痛み分けで停戦
ウクライナがNATOに加盟せず、クリミア問題を棚上げするという2022年3月の提案の線に戻り、ロシアもそれを承認するというラインだが、これを両者に飲ませることのできる仲介国がない。

以上のように考えると、戦争は長期化せざるをえないし、核戦争や第三次世界大戦への道に迷い込むかもしれない。世界は今、極めて危険な状況にある。


この戦争を軍事的に決着させることは容易ではなく、外交交渉で問題を解決させるしかない。そのときの最大の問題は、ウクライナ内部の民族対立、「文明の衝突」である。

ウクライナの東南部はロシア人も多く住んでおり、ロシアとの関係が深く、ロシアは強力に梃入れしてきた。一方、西部や中部は親西欧派が多く、EUへの加盟を求めた。宗教的な対立もある。こうして、ウクライナの東西で政治的意見も異なり、国が二分される状況となった。

2014年2月のヤヌコーヴィチ親露派政権の崩壊という事態に、プーチンはロシア系住民を保護するという名目でクリミアへの軍事介入を決め、3月には併合したのである。

東部のドンバス州も大きな問題である。この地域では、親露派の分離独立勢力とウクライナ政府の対立が続いている。ロシアが意図するのは、クリミアのように分離独立させた上でロシアに吸収することである。ドネツク人民共和国やルガンスク人民共和国に高度の自治権が付与されるだけでは、ロシア系武装勢力は武器を置かないであろう。紛争は続いていく。二度にわたるミンスク合意も功を奏しなかった。

ウクライナ政府は、国を東西に分割することには反対であり、国土の統一を死守するであろう。

この問題を文明圏という観点から考えれば、ウクライナ国内での両陣営の対立は深刻であり、妥協点を見出すのは困難であろう。しかし、いつまでも戦争を続けるわけにもいかない。

妥協のシナリオの第一は、ウクライナが分裂して、2つの独立国となり、東側がロシアに吸収されるというシナリオである。これこそプーチンが望んでいることであるが、事態はそのようには進んでいない。ロシアによる侵略は、むしろウクライナ人の統一意識を強めている。

第二が、両国が良好な関係を維持していくシナリオである。歴史上何度も戦火を交えたドイツとフランスは今や和解し、EUの中核となっている。そのように、ロシアとウクライナが和解することによって正教会世界の団結をもたらすことが期待されるのである。

今は、この理想的な解決とは対極的な状況が現実のものとなっている。ロシア正教会とウクライナ正教会の対立も深刻化している。

ロシアと西側の対立を乗り越えられるシナリオを描くことができなければ、和平の実現は難しい。

ウクライナが北朝鮮の核ミサイル開発に貢献

北朝鮮は、近年ミサイル発射実験を繰り返している。ＩＣＢＭ級のミサイルの開発にも成功し、核兵器も保有している。実は、北朝鮮の核・ミサイル開発にはウクライナの技術が活用されている。

ソ連邦時代、ウクライナには核兵器が展開しており、１９９１年12月のソ連崩壊後に、核開発のノウハウを求めて北朝鮮はウクライナに接近している。

ブダペスト覚書で非核化した国々（ウクライナ、ベラルーシ、カザフスタン）では核関連の技術者や科学者が失職したが、北朝鮮はアメリカの2倍の給料でウクライナなど旧ソ連の専門家約50人を雇っている。そのおかげで、北朝鮮の核開発が急速に進んだのである。２０１７年に北朝鮮がミサイルのモーターとして開発した「白頭山エンジン」は、ウクライナの国営企業が１９６０年代に開発したＲＤ２５０型エンジンに酷似している。２０１７年に実験が成功した射程５０００キロの「火星12」には白頭山エンジンを搭載している。

２００７年に北朝鮮はミサイルのみならず、ウクライナから2隻の潜水艦を購入し、クリミア半島のセヴァストポリ軍港から分解して自国に運んでいる。この潜水艦がSLBMの発射に使われるのである。

北朝鮮とウクライナの軍事協力は、ソ連崩壊直後から続いており、それが北朝鮮の核ミサイル開発に大きく寄与してきたのである。

ブダペスト覚書に署名しておきながら、アメリカは20年間にわたってウクライナの面倒を見なかった。バイデン副大統領（当時）も彼の息子も、金儲けのビジネス対象としてしかウクライナを見ていなかった。そのアメリカの不作為がロシアによる2014年のクリミア併合を招いたのである。

プーチンは、核兵器の使用可能性に言及して西側を牽制している。ウクライナは核兵器を放棄したために抑止力を失い、ロシア軍の侵略を阻止できなかった。これが金正恩《キムジョンウン》の認識であり、核兵器の有効性、そして北朝鮮の核武装政策の正しさを確信したに違いない。

新型のICBM「火星17」ミサイルは、射程が約1万5000キロあり、アメリカ全土を射程におさめる能力を持つ。

金正恩は、アメリカを交渉の場に引き戻すには、アメリカ本土を核攻撃できる能力を持つことしかないと確信している。核ミサイル開発を止めることはないというのが建国以来の国是であり、その開発の成果を武器にしてアメリカと交渉し、経済制裁の緩和・解除を勝ち取ろうとしているのである。

北朝鮮は、大型でＭＩＲＶ（複数独立目標弾頭）化されたＩＣＢＭから、小型化・軽量化されて扱いやすい戦術核まで、多様な核メニューを揃えようとしている。金正恩は、１日で20発以上のミサイルを多方向に発射する能力を誇示しているのである。

ロシアの核抑止戦略

今後のウクライナ戦争の行方、停戦の見通しなどについて予想するのは困難であるが、ロシアの劣勢が際立ったときに、追い詰められたロシア軍が核兵器を使用するのではないかというのが国際社会の危惧するところである。

２０２０年６月２日、ロシア政府は「核抑止に関するロシア連邦国家政策の基本原則」を公表した。その内容を見てみよう（以下、引用は小泉悠の和訳による）。

「Ⅱ.核抑止の本質」では、「９　核抑止とは、ロシア連邦及び（又は）その同盟国を侵略すれば報復が不可避であることを仮想敵に確実に理解させようとするものである。10　核抑止を担保するのは、核兵器の使用による耐え難い打撃をいかなる条件下でも確実に仮想敵に与え得るロシア連邦軍の戦力及び手段の戦闘準備並びにこの種の兵器を使用することについてのロシア連邦の準備及び決意である」と、核抑止の基本的考え方が記されている。

次いで、「12　軍事・政治的及び戦略的環境の変化によってロシア連邦に対する軍事的脅威（侵略の脅威）に発展しかねず、核抑止によって中立化されるべき主要な軍事的危険は次のとおりである」（以上、傍点は舛添）として、以下の6点が挙げられている。

（a）ロシア連邦及びその同盟国の領域及び海域に隣接した地域において、核運搬手段をその構成要素に含む仮想敵の通常戦力グループが増強されること。

（b）ロシア連邦を仮想敵と見做す国家がミサイル防衛システム、短・中距離巡航ミサイル及び弾道ミサイル、精密誘導兵器及び極超音速兵器、攻撃型無人航空機、指向性エネルギー兵器を配備すること。

（c）宇宙空間にミサイル防衛手段及び攻撃システムが設置・配備されること。

（d）諸外国が核兵器及び（又は）その他の大量破壊兵器並びにそれらの運搬手段を入手し、ロシア及び（又は）その同盟国に対して使用され得ること。

（e）核兵器、その運搬手段、その製造に必要な技術及び設備が管理されずに拡散すること。

（f）非核保有国の領土に核兵器及びその運搬手段が配備されること。

それでは、ロシアはどのような事態になったら核兵器を使うのか。それは「Ⅲ．ロシア連邦が核兵器使用に移るための条件」という項目に書かれている。

「19　ロシア連邦による核兵器使用の可能性を特定する条件は以下のとおりである」として、4つのケースが記されている。

（a）ロシア連邦及び（又は）その同盟国の領域を攻撃する弾道ミサイルの発射に関して信頼の置ける情報を得たとき。
（b）ロシア連邦及び（又は）その同盟国の領域に対して敵が核兵器又はその他の大量破壊兵器を使用したとき。
（c）機能不全に陥ると核戦力の報復活動に障害をもたらす死活的に重要なロシア連邦の政府施設又は軍事施設に対して敵が干渉を行ったとき。
（d）通常兵器を用いたロシア連邦への侵略によって国家の存立が危機に瀕したとき。

ウクライナ軍が核兵器を使わずに、通常兵器でロシア領土内を攻撃した場合でも、以上の4つのうち、（c）や（d）に該当するとロシアが判断すれば、核兵器を使えることになる。

その危険性を十分に認識しているからこそ、NATOは長距離ミサイルなど、ロシアに到達する兵器の供与に慎重だったのであり、またウクライナに対してロシア領土を攻撃しないように釘を刺したのである。F16戦闘機の供与について、バイデンが即座に否定したのも、核戦争の危険性を念頭に置いてのことである。

付言すれば、限定的に核兵器を使用することによって、敵に参戦や戦闘の継続を断念させるという作戦のことを「エスカレーション抑止」というが（参考文献㊼、265〜281p）、これをロシアが実行するかどうかは疑問である。「基本原則」の「I．総則」では4番目に「エスカレーション阻止」という文言はあるが、上記の4つのケースには「エスカレーション抑止」の場合は含まれていない。この点をどう解釈するかについては、専門家の間で見解が分かれている。

2022年9月27日、NATOのストルテンベルグ事務総長は、「ロシアによる核兵器のいかなる使用も絶対に容認できない。それは紛争の性質を完全に変えてしまう。ロシアは核戦争には勝てず、決して引き起こしてはならないことを認識しなければならない」と警告した。「ロシアおよびプーチン大統領からのこのような核に関する発言を何度も目の当たりする際、われわれはそれを真剣に受け止める必要がある。そのためわれわれはロシアにとって深刻な結果を招くという明確なメッセージを伝えている」と述べた。

これに対して、ロシア前大統領のメドヴェージェフ安全保障会議副議長は同日、「限界を超えた場合、ロシアには核兵器で自衛する権利がある」と発言し、これは「こけおどしでは全くない」と述べた。

10月12日のCNNによると、ブリュッセルで開催中のNATO国防相理事会に出席しているNATO高官が、ロシアが核兵器を用いて攻撃を行った場合、NATOからの「物理的な対応」を「ほぼ確実に」引き起こすだろうと述べ、核兵器の使用はロシアに「前例のない結果」をもたらすと警告したという。

ストルテンベルグは、10月13日にも、「核使用は戦争の性質を根本的に変える。非常に重要な一線を越えることを意味する」と重ねて警告した。

同じ日、EUのボレル外交安全保障上級代表（外相）は、ロシアがウクライナに対し核兵器を使用すれば、米欧は「核ではないが、ロシア軍が壊滅するような強力な対応」が取られると語った。

このような警告が西側から発せられるのは、プーチンが小型の戦術核兵器を使用する可能性を想定しているからである。そして、もしプーチンが核兵器を使用した場合、NATO側は、通常兵器でもロシア軍に壊滅的打撃を与えることができると確信しているのである。

それだけにプーチンも核兵器を使うことには極めて慎重であろうが、その可能性を完全に排除することはできない。第三次世界大戦への歩みが進んでいることを危惧する。

新しい同盟網の構築へ

政権に就いた直後には、プーチンは、前任者のエリツィン政権下で進んだ緊張緩和（デタント）の雰囲気を引き継ぎ、G7に加わり、G8の一員として西側との協調路線を推進してきた。しかし、NATOが約束を違えて東方に拡大したため、西側への幻想から次第に覚醒していったのである。2008年頃には、コソボやグルジアを巡って、西側を明確に敵と位置づけるようになった。

第二次世界大戦後の東西冷戦、つまり米ソの対立の基盤にはイデオロギーの対立があった。資本主義と共産主義の対立であり、西側諸国はアジアやアフリカの発展途上国が「赤く」染まるのを警戒した。朝鮮戦争やベトナム戦争はそのような対立が「熱い戦争」にまで発展した例である。

しかし、1989年のベルリンの壁崩壊、1991年のソ連邦の崩壊で、資本主義の勝利という結果になったのである。プーチンはソ連邦の秘密警察KGBの職員であったが、共産主義を信奉していたわけではない。

したがって、ソ連邦が解体する過程においても、体制を護持しようとする「保守」のソ連共産党を支持せず、「革新」のエリツィン側を支援したのである。経済についても、社会主義の計画経済を拒否し、資本主義を採用する。

プーチンは、イデオロギーには拘泥しないプラグマチスト（実用主義者）なのである。自分の目的に役に立つ考え方、流儀、システムは何でも貪欲に取り入れる。一つのイデオロギーに固執することはない。

ボリシェヴィキのレーニンやスターリンが無神論者で、正教会を弾圧したことを、プーチンは厳しく批判するのである。自らは、敬虔な正教徒として振る舞い、国民との連帯を演出する。

プーチンにとっては、イデオロギーではなく、アメリカが傍若無人に世界の支配者として振る舞っていることが問題なのだ。このような一極構造こそが世界の多様性を窒息させているという認識である。軍事的にはＮＡＴＯが席巻し、経済的には米英やＥＵが世界のルールを決める主導権を握っていることが不満なのである。

したがって、この一極構造を多極構造に変える必要があるというのが、プーチンの問題意識である。

それでは、プーチンはどのような多極構造の世界を念頭に置いているのであろうか。イデオロギーには関係なく、アメリカ1強の世界を好ましく思っていない国々を結集することである。

まずは中国である。中華人民共和国を樹立した毛沢東を支援してきたのはスターリンであった。伝統的な関係を基礎に、同じ権威主義体制として経済的にも協力している。ウクライナ戦争でも、経済制裁逃れに当たっては中国の役割が大きい。それだけに、アメリカは中国に対して、ロシアに武器支援を行わないように釘を刺している。

2023年3月20〜22日には、習近平がプーチンの招きでロシアを公式訪問し、首脳会談を行った。両首脳は、協力関係を深化することで一致し、またアメリカ一極構造への懸念を共有した。

イランは、反米という点でロシアと共通しており、ロシアにドローンなどの兵器を供給している。中東における大国であるイランとの協力関係の深化は、この地域でアメリカを牽制するのに役立つ。3月10日、サウジアラビアとイランが、中国の仲介で外交関係を正常化している。

これは、中東におけるアメリカのプレゼンスの低下と中国の影響力の増大を物語っており、アメリカ外交の失敗である。プーチンにとってもまた、好ましい変化であった。

対露経済制裁の効果を高めるために、先にアメリカはOPECに原油増産を期待したが、サウジアラビアは応じなかった。これが、したたかなアラブ商人の流儀である。

バイデン政権はウクライナ戦争と台湾有事に集中するあまり、中東への関与を低下させてきた。中国は、その間隙を突いたのであり、それはプーチンが追求する多極構造にも適合する。

プーチンは、アメリカが撤退したシリアに2015年に軍事介入して成功している。シリアのアサド大統領は、15日、モスクワでプーチンと首脳会談を行い、ロシアのウクライナ侵攻を支持した。プーチンは、シリアとトルコの関係修復も画策している。

インドに対する最大の武器輸出国はロシアである。インドは、経済でも安全保障でも西側と良好な関係にあるが、ロシアに対しては経済制裁を科していない。そこには、したたかな国益の計算がある。

南アフリカの立場もまたインドに似ている。ロシア・中国と合同軍事演習も行っている。

アジアやアフリカの発展途上国は、グローバルサウス（Global South）と呼ばれるが、今や目覚ましい経済発展を遂げている。この地域がG7のような先進民主主義国に仲間入りするのか、それとも中露のような権威主義体制に取り込まれていくのかは、今後の世界の行方に大きな影響を及ぼす。残念ながら、前者の旗色が悪い。

ベルリンの壁崩壊・ソ連邦の解体後には、民主主義陣営が拡大したが、今は逆になっている。それだけに、プーチンの主導する多極構造は説得力を持つ。ウクライナ戦争の帰趨は、今後の世界秩序の形成を左右する。

あとがき

１９８９年秋にベルリンの壁が崩壊し、１９９１年12月にはソ連邦が崩壊して、第二次世界大戦終了後から続いた東西冷戦が終わった。

私たち西側に住む者は、自由な民主主義が人権を抑圧する体制に勝利したことに歓喜の声を上げた。旧ソ連圏に属するロシアや東欧、中央アジアの国々では民主化が進み、民主主義が権威主義に対して優位に立つ世界となった。

それから三十余年、世界はまた権威主義体制が民主主義体制を凌駕するようになってきた。それには、共産党一党支配の中国の経済的成功が大きく影響しているが、民主化したはずのロシアがプーチンの治世下で次第に権威主義化していったことも一つの要因となっている。

東西冷戦が終焉した理由として、東側の情報が統制された社会では、コンピューターを駆使する先端産業は育たず、西側のような経済成長は難しいということが挙げられていた。しかし、その「常識」を覆したのが中国であり、また、ロシアも豊富なエネルギー資源を財源として、ソ連邦崩壊に伴う負の遺産を克服していったのである。

ウクライナ戦争が続く2022年8月30日、旧ソ連邦最後の指導者、ミハイル・ゴルバチョフ元大統領が、91歳で死去した。ソ連に自由の風を吹き込み、東西冷戦を終結させた功績は大きい。しかし、ソ連邦を解体に導き、ロシアを弱体化させたことには、今のロシア国内では批判が強く、否定的評価が高まっている。

ペレストロイカやグラスノスチが、ソ連型全体主義を破壊するのは必然であった。経済システムの自由化、共産党独裁の廃止などの政治的自由化がソ連邦を解体させたのである。その混乱の責任をとる形でゴルバチョフは1991年に表舞台から姿を消し、権力はエリツィンに移行した。

しかし、エリツィン統治下の1999年までの8年間にロシアの政治も経済も混乱した。自由化の恩恵には一部の富裕層のみが与り、チェチェン紛争など民族紛争も頻発した。

そのエリツィンの指名を受けて、2000年に大統領に就任したのがプーチンである。プーチンは、経済を回復させたり、チェチェン紛争を解決したりするなど、ロシアに「安全と安定」をもたらし、長期政権を築いた。

そして、ゴルバチョフが解体したソ連邦、縮小した領土を回復すべく、2014年3月にはクリミアを併合したのである。

東西ドイツ統一を実現するために、コール首相はゴルバチョフに「NATO不拡大」を約束したが、クリントン大統領は、1994年、大統領選で東欧系移民の票を獲得するために、その約束を反故にした。その結果、1999年3月のチェコ、ハンガリー、ポーランドを嚆矢として、次々と東欧諸国がNATOに加盟していった。

その延長線上にあるのが、今のウクライナ戦争なのである。冷戦に「勝った」として、敗者を蔑んできたアメリカの傲慢にも大きな責任がある。

ゴルバチョフは、軍縮と西側との協調によって、「安全と安定」を国民にもたらそうとした。当初は成功したように見えたが、結局は失敗に終わった。安全も損なわれ、不安定な政治を招来してしまった。それは、後を継いだエリツィンにしても同じである。

プーチンが長期政権を維持しているのは、まさにその「安全と安定」を国民にもたらしたからである。そして、2022年2月24日、プーチンは、「ロシアの失われた領土と栄光」を回復すべく、ウクライナに侵攻した。しかし、それは裏目に出て、彼もまた「安全と安定」を失いつつある。

その光景を目にしながら、ゴルバチョフは静かに息を引き取ったのである。

ウクライナ戦争は停戦の目途も立たず、長期化しそうな様相を呈している。残念ながら、第三次世界大戦への扉が開かれつつあるように思う。

この戦争を始めたのはプーチンであり、終わらせる責任も彼にある。それだけにプーチンという政治家についてよく知らねばならない。そして、プーチンはロシア文明が生んだ政治家であり、ロシア史の文脈の中に位置づける作業も必要である。そして、アメリカ、EU、中国、日本などの世界を主導する諸国が、ウクライナ戦争後の世界秩序をどう構想するかも重要である。

そのような問題意識から本書を執筆したが、読者の参考になれば幸いである。本書を読めば、プーチンという政治家の作法、ウクライナ戦争の背景を上手く摑めると思う。また、数多く出版されているプーチンやウクライナ戦争に関連する書籍を読む際にも参考になることを願っている。

最後に、本川浩史編集長には、本書の構想の段階からたいへんお世話になった。記して感謝したい。

2023年5月吉日

舛添要一

参考文献

I.プーチン論

①Nataliya Gevorkyan, Natalya Timakova, Andrei Kolesnikov, "First Person:An Astonishingly Frank Self-Portrait by Russia's President Vladimir Putin", PublicAffairs, 2000

②木村汎『プーチン　人間的考察』（藤原書店、２０１５年）

③フィオナ・ヒル、クリフォード・G・ガディ（濱野大道、千葉敏生訳、畔蒜泰助監修）『プーチンの世界　「皇帝」になった工作員』（新潮社、２０１６年）

④ロイ・メドヴェージェフ（海野幸男訳）『プーチンの謎』（現代思潮新社、２０００年）

⑤遠藤良介『プーチンとロシア革命　百年の蹉跌』（河出書房新社、２０１８年）

⑥下斗米伸夫『新危機の20年　プーチン政治史』（朝日新聞出版、２０２０年）

⑦朝日新聞国際報道部、駒木明義、吉田美智子、梅原季哉『プーチンの実像　孤高の「皇帝」の知られざる真実』（朝日文庫、２０１９年）

⑧下斗米伸夫『プーチン戦争の論理』（インターナショナル新書、２０２２年）

⑨ジョン・スウィーニー（土屋京子訳）『クレムリンの殺人者　プーチンの恐怖政治、KGB時代からウクライナ侵攻まで』（朝日新聞出版、２０２２年）

⑩キャサリン・ベルトン（藤井清美訳）『プーチン　ロシアを乗っ取ったKGBたち』上下巻（日本経済新聞出版、２０２２年）

⑪マーク・ガレオッティ（武内規矩夫訳）『プーチンの戦争　チェチェンからウクライナへ』（ホビージャパン、２０２３年）

⑫ミシェル・エルチャニノフ（小林重裕訳）『ウラジーミル・プーチンの頭のなか』（すばる舎、２０２２年）

⑬ミヒャエル・シュテュルマー（池田嘉郎訳）『プーチンと甦るロシア』（白水社、2009年）

Ⅱ．政治家研究

⑭シュテファン・ツワイク（高橋禎二・秋山英夫訳）『ジョゼフ・フーシェ　ある政治的人間の肖像』（岩波文庫、1979年）
⑮舛添要一『スターリンの正体　ヒトラーより残虐な男』（小学館新書、2022年）
⑯セルヒー・ルデンコ（安藤清香訳）『ゼレンスキーの素顔　真の英雄か、危険なポピュリストか』（PHP、2022年）
⑰H・カレール＝ダンコース（谷口侑訳）『甦るニコライ二世　中断されたロシア近代化への道』（藤原書店、2001年）
⑱舛添要一『ヒトラーの正体』（小学館新書、2019年）
⑲H・カレール＝ダンコース（石崎晴己、東松秀雄訳）『レーニンとは何だったか』（藤原書店、2006年）
⑳舛添要一『ムッソリーニの正体　ヒトラーが師と仰いだ男』（小学館新書、2021年）

Ⅲ．ロシア・ソ連史

㉑土肥恒之『ロシア・ロマノフ王朝の大地』（講談社学術文庫、2016年）
㉒杉山正明『モンゴル帝国と長いその後』（講談社学術文庫、2016年）
㉓Marshall T. Poe, "The Russian Moment in World History", Princeton Univerisity Press, 2003
㉔外川継男『ロシアとソ連邦』（講談社学術文庫、1991年）
㉕エレーヌ・カレール＝ダンコース（高橋武智訳）『崩壊した帝国　ソ連における諸民族の反乱』（新評論、1981年）
㉖下斗米伸夫『ソビエト連邦史　1917-1991』（講談社学術文庫、2017年）

㉗リチャード・ディーコン（木村明生訳）『ロシア秘密警察の歴史　イワン雷帝からゴルバチョフへ』（心交社、１９８９年）
㉘栗生沢猛夫『ボリス・ゴドノフと偽のドミトリー』（山川出版社、１９９７年）
㉙関口弘治『囚人護送車ストルイピン　シベリア流刑の黙示録』（日本編集センター、１９８３年）
㉚Robert Conquest, "The Harvest of Sorrow: Soviet Collectivisation and the Terror-Famine", The Boaley Head, 2018
㉛Victoria E. Bonnell, "Iconography of Power: Soviet Political Posters under Lenin and Stalin", Univeristy of Carifornia Press, 1997
㉜アルカディ・ワクスベルク（松宮克昌訳）『毒殺　暗殺国家ロシアの真実』（柏書房、２０１４年）
㉝福田ますみ『暗殺国家ロシア　消されたジャーナリストを追う』（新潮文庫、２０１３年）
㉞アンナ・ポリトコフスカヤ（鍛原多惠子訳）『プーチニズム　報道されないロシアの現実』（ＮＨＫ出版、２００５年）

Ⅳ．文化・文明論

㉟廣岡正久『ロシア正教の千年』（講談社学術文庫、２０２０年）
㊱Ａ・Ｒ・マイヤーズ（宮島直機訳）『中世ヨーロッパの身分制議会　新しいヨーロッパ像の試みⅡ』（刀水書房、１９９６年）
㊲サミュエル・ハンチントン（鈴木主税訳）『文明の衝突』（集英社、１９９８年）
㊳司馬遼太郎『ロシアについて　北方の原形』（文藝春秋、１９８６年）
㊴アンドレ・ジッド（國分俊宏訳）『ソヴィエト旅行記』（光文社古典新訳文庫、２０１９年）
㊵ウラジーミル・ソローキン（松下隆志訳）『親衛隊士の日』（河出書房新社、２０１３年）

Ⅴ．東欧、中欧、中央アジア

㊶柴宜弘『ユーゴスラヴィア現代史　新版』（岩波新書、２０２１年）

㊷ロバート・D・カプラン（宮島直機、門田美鈴訳）『バルカンの亡霊たち』（NTT出版、１９９６年）

㊸黒川祐次『物語　ウクライナの歴史　ヨーロッパ最後の大国』（中公新書、２００２年）

㊹アレクサンドラ・グージョン（鳥取絹子訳）『ウクライナ現代史　独立後30年とロシア侵攻』（河出新書、２０２２年）

㊺真野森作『ポスト・プーチン論序説　「チェチェン化」するロシア』（東洋書店新社、２０２１年）

㊻アンナ・ポリトコフスカヤ（三浦みどり訳）『チェチェン　やめられない戦争』（NHK出版、２００４年）

㊼伊東一郎編『スラヴ民族の歴史』（山川出版社、２０２３年）

Ⅵ．ウクライナ戦争

㊽小泉悠『ウクライナ戦争』（ちくま新書、２０２２年）

㊾真野森作『ルポ　プーチンの破滅戦争　ロシアによるウクライナ侵略の記録』（ちくま新書、２０２３年）

㊿朝日新聞取材班『現地取材４００日で見えた検証ウクライナ侵攻10の焦点』（朝日新聞出版、２０２３年）

(51)大前仁『ウクライナ侵攻までの３０００日　モスクワ特派員が見たロシア』（毎日新聞出版、２０２３年）

(52)東郷和彦『プーチンvs.バイデン　ウクライナ戦争の危機　手遅れになる前に』（K&Kプレス、２０２２年）

Ⅶ．安全保障論

(53)ハンス・モーゲンソー（現代平和研究会訳）『国際政治Ⅰ　権力と平和』（福村出版、１９８６年）

(54)廣瀬陽子『ハイブリッド戦争　ロシアの新しい国家戦略』（講談社現代新書、２０２１年）

(55)市川浩『ソ連核開発全史』（ちくま新書、２０２２年）

(56)秋山信将、高橋杉雄『「核の忘却」の終わり　核兵器復権の時代』（勁草書房、２０１９年）

㊲小泉悠『現代ロシアの軍事戦略』（ちくま新書、２０２１年）
㊳三好範英『ウクライナ・ショック　覚醒したヨーロッパの行方』（草思社、２０２２年）
㊴鶴岡路人『欧州戦争としてのウクライナ侵攻』（新潮新書、２０２３年）
㊵ティム・ワイナー（村上和久訳）『米露諜報秘録　１９４５-２０２０　冷戦からプーチンの策略まで』（白水社、２０２２年）

図版作成　タナカデザイン

舛添要一《ますぞえよういち》

国際政治学者、前東京都知事。一九四八年、福岡県生まれ。七一年、東京大学法学部政治学科卒業。パリ、ジュネーブ、ミュンヘンでヨーロッパ外交史を研究。東京大学教養学部政治学助教授を経て政界へ。二〇〇一年参議院議員（自民党）に初当選後、厚生労働大臣（安倍内閣、福田内閣、麻生内閣）、都知事を歴任。『ヒトラーの正体』『ムッソリーニの正体』『スターリンの正体』（すべて小学館新書）、『都知事失格』（小学館）など著書多数。

インターナショナル新書一二六

プーチンの復讐《ふくしゅう》と第三次世界大戦序曲《だいさんじせかいたいせんじょきょく》

二〇二三年六月一二日　第一刷発行

著者　舛添要一《ますぞえよういち》
発行者　岩瀬　朗
発行所　株式会社 集英社インターナショナル
〒一〇一-〇〇六四 東京都千代田区神田猿楽町一-五-一八
電話 〇三-五二一一-二六三〇
発売所　株式会社 集英社
〒一〇一-八〇五〇 東京都千代田区一ツ橋二-五-一〇
電話 〇三-三二三〇-六〇八〇（読者係）
〇三-三二三〇-六三九三（販売部）書店専用
装幀　アルビレオ
印刷所　大日本印刷株式会社
製本所　加藤製本株式会社

　ISBN978-4-7976-8126-0　C0231

インターナショナル新書

107
独学の教室
読書猿、佐藤 優 ほか全14名

なぜ、我々は独学したいのか？ 独学の意義と方法から、英語、ビジネス、美術、読書、ノート術、漫画、数学、物理学、はては冒険まで、多彩な執筆陣が寄稿。独りで学ぶことの魅力・意味を探る。

108
悪魔の英語術
黒田莉々

謙譲や尊敬の心を重んずる日本人の「おりこうさん」精神が英語習得を妨げている!? 日本の会社員ヤマトとアメリカ人のＬｉｌｙの会話から、ネイティブのマインドを学びましょう。

109
プーチン戦争の論理
下斗米伸夫

「特別軍事作戦」という名の「プーチンの戦争」が、世界を震撼させている。なぜロシアは、ウクライナへ侵攻したのか？ ロシア研究の第一人者が、新たな「文明の衝突」を解説。入門書にして決定版の一冊。

111
たくましい数学
九九さえ出来れば大丈夫！
吉田 武

野心的な数学独学書。xやaなどの文字や公式を用いることなく、数字そのものと１７０点を超える図表によって高校数学を概観。九九から始めて大学入試問題に至るまで、テーマ間の関連と類似を基に話を進める。

インターナショナル新書

117

異性装
歴史の中の性の越境者たち

中根千絵 他

性を越境する異性装になぜ我々は惹かれるのか？　古典文学、歌舞伎、シェイクスピアなどに登場する異性装の意味を読み解き、それらのアニメ、演劇、BLなど現代の文化、ジェンダーへの影響を考察する。

118

あのSFはどこまで実現できるのか
テクノロジー名作劇場

米持幸寿

昭和から平成の人気SF作品に描かれた心躍るテクノロジーの数々を、現代の科学技術で検証。IT化、自動運転、AI技術、音声認識など、テクノロジーの現在地を、名作を振り返りながら検証していく。

119

孤独のレッスン

齋藤 孝
中条省平
ほか全17名

日常の中でふと感じる孤独はどこからやってくるのか。孤独に向き合った作家の評論や、冒険や山小屋生活から得た知見など、総勢一七名の著者が贈る、各人各様の孤独論！　孤独を愉しむためのヒントが満載の一冊。

121

亜宗教
オカルト、スピリチュアル、疑似科学から陰謀論まで

中村圭志

宗教研究者とたどる、人間の〝妄想力〟をめぐる旅路。「亜宗教」とは、「近現代に生まれた非科学的で宗教めいた信念や言説」を指す。亜宗教の数々を取り上げ、「人間にとって〝信じる〟とはどういうことか」を暴き出す。

インターナショナル新書